/ 100 位

为新中国成立作出突出贡献的英雄模范人物/

萧 楚 女

黎显衡/编著

★

吉林文史出版社

图书在版编目（CIP）数据

萧楚女 / 黎显衡编著. -- 长春：吉林文史出版社，
2011.4（2022.4重印）
（100位为新中国成立作出突出贡献的英雄模范人物）
ISBN 978-7-5472-0553-2

Ⅰ．①萧… Ⅱ．①黎… Ⅲ．①萧楚女（1891～1927）—
生平事迹 Ⅳ．①K827=6

中国版本图书馆CIP数据核字(2011)第050736号

萧楚女

XIAOCHUNV

编著/ 黎显衡

选题策划/ 王尔立　责任编辑/ 王尔立

装帧设计/ 韩璘

出版发行/ 吉林文史出版社

地址/ 长春市福祉大路5788号　邮编/ 130118

电话/ 0431-81629363　传真/ 0431-86037589

印刷/ 天津海德伟业印务有限公司

版次/ 2011年4月第1版 2022年4月第6次印刷

开本/ 640mm×920mm 1/16

印张/ 9 字数/ 100千

书号/ ISBN 978-7-5472-0553-2

定价/ 29.80元

/**100**位

为新中国成立作出突出贡献的英雄模范人物/

八女投江	于化虎	小叶丹	马本斋	马立训	方志敏
毛泽民	毛泽覃	王尔琢	王尽美	王克勤	王若飞
邓 萍	邓中夏	邓恩铭	韦拔群	冯 平	卢德铭
叶 挺	叶成焕	左 权	诺尔曼·白求恩		任常伦
关向应	刘老庄连	刘伯坚	刘志丹	刘胡兰	吉鸿昌
向警予	寻淮洲	戎冠秀	朱 瑞	江上青	江竹筠
许继慎	阮啸仙	何叔衡	佟麟阁	吴运铎	吴焕先
张太雷	张自忠	张学良	张思德	旷继勋	李 白
李 林	李大钊	李公朴	李兆麟	李硕勋	杨 殷
杨子荣	杨开慧	杨虎城	杨靖宇	杨闇公	萧楚女
苏兆征	邹韬奋	陈延年	陈树湘	陈嘉庚	陈潭秋
冼星海	周文雍、陈铁军夫妇		周逸群	明德英	林祥谦
罗亦农	罗忠毅	罗炳辉	郑律成	恽代英	段德昌
贺 英	赵一曼	赵世炎	赵尚志	赵博生	赵登禹
闻一多	埃德加·斯诺		夏明翰	格里戈里·库里申科	
狼牙山五壮士		聂 耳	郭俊卿	钱壮飞	黄公略
彭 湃	彭雪枫	董存瑞	董振堂	谢子长	鲁 迅
蔡和森	戴安澜	瞿秋白			

前　言

　　每个人的心中都多少有一点英雄情结，都向往英雄、景仰英雄。也正因此，在中华人民共和国建国六十周年之际，由中央十一部委联合组织开展的"100位为新中国成立作出突出贡献的英雄模范人物和100位新中国成立以来感动中国人物"的评选活动中，群众参与投票总数近一亿。这其中的每一张选票，都表达了人们对英雄模范的崇敬之情，寄托着对伟大祖国的美好祝福。

　　一个民族不能没有英雄，否则这个民族就不会强大。当国家危难之时，懦弱者选择了逃避、妥协甚至投降，英雄们却挺身而出，用热血捍卫民族的尊严，人民的幸福。在创立和建设新中国的伟大历程中，涌现出无数可歌可泣的英雄模范人物。他们之中，有为了民族独立和人民解放而英勇牺牲的革命先烈，有为了党和人民的事业而不懈奋斗的优秀共产党员，有在全民族抗战中顽强奋战、为国捐躯的爱国将士，有英勇杀敌的战斗英雄和革命群众，有积极从事进步活动的著名民主爱国人士和国际友人……他们是民族的脊梁、祖国的骄傲，是激励全体人民团结奋斗的精神力量。

　　《100位为新中国成立作出突出贡献的英雄模范人物传记》丛书，就像一部星光璀璨的英雄谱，真实、完整地记录了英雄模范人物不平凡的一生，再现了他们非凡的人格魅力和精神世界。"头颅可断腹可剖"的铁血将军杨靖宇，"毫不利己，专门利人"的白求恩，"抗战军人之魂"张自忠，"砍头不要紧"的夏明翰，"俯首甘为孺子牛"的文化斗士鲁迅……一串串闪光的名字，一个个动人的故事，犹如群星闪烁，光耀中华。

　　如今，战火已熄，硝烟已散，英雄已逝，我们沐浴在和平的幸福之中。在和平年代，人们不会忘记为今日的和平浴血奋战的英雄们，英雄的故事永远不会结束。让我们用英雄的故事唤醒我们心中的激情，为中华民族的伟大复兴而奋斗。

生平简介

萧楚女（1891–1927），男，汉族，湖北省汉阳县人，中共党员。

萧楚女 1919 年参加五四爱国运动。1922 年 8 月加入中国共产党，同年 11 月创办重庆公学。1923 年 6 月担任《新蜀报》主笔，该报每天刊出的政论或社论，绝大多数出自他的手笔。同时，他经常给《向导》、《中国青年》撰稿。他的文章，笔锋犀利，战斗性很强，不是"指责土酋军阀"，就是"痛骂贪官污吏"，连反动派所控制的报刊也不得不赞叹他的文章是"字夹风雷，声成金石"。1924 年 8 月萧楚女任中共中央驻四川特派员，领导重庆社会主义青年团和四川的革命斗争。10 月组织四川平民学社，并出版刊物《爝光》。1925 年 6 月戴季陶主义出笼后，他专门写成《国民革命与中国共产党》一书，批驳戴季陶对共产党的攻击和污蔑。他还撰文开展了对国家主义派的批判。1926 年 1 月后，萧楚女去广州先后担任国民党中央宣传部干事兼中国国民党政治讲习班教授、国民党中央农民运动委员会委员、第二届青年训育养成所讲师、妇女运动讲习所讲师、黄埔军校政治教官、黄埔军校国民党特别党部宣传委员会政治顾问等职。1927 年 4 月 15 日萧楚女在广州被国民党反动派逮捕，4 月 22 日在狱中被杀害，年仅 36 岁。

1891-1927

[XIAOCHUNV]

◄ 萧楚女

目 录 MULU

光辉事迹永垂青史（代序）

　　萧楚女是著名的革命理论家、青年导师、《中国青年》创始人之一。他出生于家道中落的木商之家，从一个报童、苦力，经自学与实践，成为一个卓有建树的无产阶级战士。一生为革命事业颠沛流离，足迹踏遍长江南北，珠江两岸。两度入川，重上襄阳，涉足豫陕，深入江苏，最后血洒南粤大地。

　　他做过教师、报纸主笔、书刊编辑，从事共青团和共产党的青年运动，以及国民党的统一战线工作。其著作甚丰，撰写的文章如檄文如匕首，刺向帝国主义、军阀、国家主义者、戴季陶主义者以及国民党右派；又如光芒万丈的明灯，为青年指引革命之路。

　　萧楚女道德品质高尚，克勤克俭，坚忍不拔，注重调查研究，理论与实际结合。在四川、广州都是扶病工作，经常以燃烧着照亮别人的蜡烛，比喻革命人生观，严于律己，宽以待人。1926年10月，他任黄埔军校政治教官时，阶级斗争日趋严重，使他日夜操劳，多种疾病复发，1927年3月入医院留医。4月15日，广州国民党反动派"清党"，杀害共产党人与革命群众。萧楚女在医院被捕，面对反动军警拷打，英勇不屈，不怕牺牲，4月底被杀害于南石头监狱。他一生穷困，没有留下财产，却留给人们许多著作，留下了丰硕的精神财富，留下了十分珍贵的历史文化遗产。

萧楚女牺牲后，其忠骸不知去向，没有坟墓，没有墓碑。但他的光辉事迹和革命精神已在人民心中铸成了不可磨灭的丰碑，人民永远纪念他、学习他。

漂泊少年

(1891—1910)

→ 家道中落

（0—11岁）

　　萧楚女原名萧秋，字树烈，乳名长富。笔名有萧女、丑女、楚侣、抽玉、野马等。1891年秋，生于湖北省汉阳县鹦鹉洲，母亲因此为他起名萧秋。鹦鹉洲因汉代祢衡作《鹦鹉赋》而得名，位于长江中游的汉水与长江的交汇处，风景如画。是川、广、荆、襄、淮、浙贸迁之会，从湖南洞庭湖和湖北汉水流域运来的木材，多在这里进行加工和贸易。洲上有萧万顺、常为益、马鸿茂、杨世茂等人开设的18间木行。

　　1840年鸦片战争后，帝国主义的掠夺，清政府腐败统治，地主阶级的残酷剥削，捐税多如牛毛，许多农民失去土地。农村自然经济瓦解，农民在水、旱、虫和病疫等灾害袭击下，无以为生，大批逃离农村，寻找生存出路。萧楚女的祖父萧延茂带着大儿子萧正昌（萧康平）、二儿萧焕昌、三儿萧耀昌从湖北省黄陂县滠口区萧家畈上村逃荒到汉阳的鹦鹉洲。萧延茂父子在码头当搬运工，后来经人介绍到江苏镇江谋生，经过艰辛挣扎，萧延茂积蓄了一点钱，开设一间木材商铺，经营木材生意，逐渐发家致富。萧康平帮助父亲管理商铺的账目和放木排工。他娶江苏省句容县张济川的女儿为妻，生了两个儿子，大儿名萧树

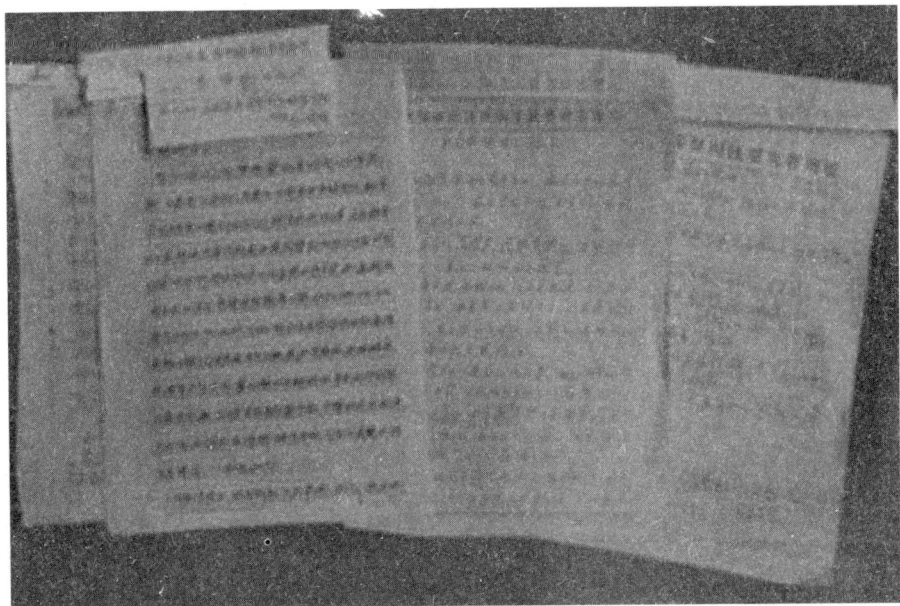

△ 萧楚女亲属萧宝华、仁仪、腊生、计也农提供的资料

堂，二儿名萧树森。尔后，他又娶镇江一个姓罗的姑娘为妾。萧罗氏生了一子四女，长子萧秋，女儿有顺宝、三宝（宝华）、莲宝、宝宝。萧秋是萧康平的第三个儿子，日后改名萧楚女。孩提时候的萧秋，天资聪颖，父母爱如掌上明珠。他每次出门都有工人侍候，坐轿或坐车，不许走路，更不许吃街上的便宜食品。在一叶初黄、青霜甫降之际，母亲生怕萧秋着凉，白天穿毛衣，晚上盖厚厚的绒絮被。年龄稍长，入私塾学习，熟读了"四书五经"、《离骚》、《项羽本纪》、《游侠列传》、《刺客列传》、《正气歌》等书籍和诗文。他在这种优裕生活，私塾儒家思想教育，父亲的严格管束下，很少与人交往，不自觉地滋长了喜欢怎样便怎么样的"少爷脾气"。他曾对幼年时的生活作了自述："养成了一种清高、孤僻、浪漫、豪侠、疾恶、崇善的习惯，但又'不肯稍自放松'，绝不做'瞒心昧己之事'的性格。"还说"父亲替我栽了一点傲岸的旧文人的所谓'气节'之根"。

萧秋的好日子不长，父亲经营的木排，在洞庭湖遇着暴风雨袭击而流失，接踵而来的是家中失火，遂至破产。家中常因经济问题闹矛盾，萧张氏带着儿子萧树堂、萧树森到无为县凤凰镇居住，后又迁居芜湖另开一间小木行。1902年初，萧康平携带萧罗氏及其子女到芜湖看望萧张氏。不久，萧康平因家庭纠纷难以解决，家境每况愈下而终日忧郁，导致肺病复发，在芜湖病逝。

→ 苦力生涯

★★★★★

（12—19岁）

萧罗氏失去了生活的依靠，又与萧张氏难以相处，在芜湖呆不下去，便带领萧秋和女儿回到鹦鹉洲。她们原来居住的房子已给萧焕昌一家居住了，她正在为无处栖身而发愁时，洲头有一位善良的姓舒老人，腾出了一间房子，让她们暂住。萧罗氏一家寄居了将近一年，才在亲友和邻居帮助下，另盖了一座简陋房子居住。她和女儿顺宝、三宝靠缝补衣服、织苏绣、做鞋底所得来的微薄工钱，维持一家生活。莲宝、宝宝则在鹦鹉洲的江边木场拾树皮、木屑，拿到市场上出卖，换回一点粮食。后来家境越趋贫困，实在无法熬下去，萧罗氏便忍痛将年纪大一点的女儿顺宝和三宝送给别人当童养媳。萧秋经亲友介绍，到汉阳一家茶馆做"跑堂"，从早至晚，给顾客泡茶，端饭菜，倒痰盂，拖地板，累得精疲力竭，骨瘦如柴。这时，他们的生活正如萧楚女后来自述的，"从万丈高峰坠下了深壑"。萧秋生活如此艰难，但对于学习仍"不肯稍自放松"，晚上，他回到家里，洗过脸，在荧荧的灯火下，孜孜不倦地看书和练习写作，或到邻居胡文叔家谈心，借阅报刊。他接触社会，博览书报，视野日益开阔，对儒家的一些陈规陋习看不惯。有一次，萧秋捡了一些旧书纸作手纸用，给村中的一个封建遗老知道了，说萧秋对孔夫子不敬，萧秋说："我吃饭的钱都不易找到，哪有钱买手纸啊！况且不准用有文字的纸作手纸用的陈规陋习为何不能破？"这个老头无言以对，悻悻地走开了。

不久，萧秋离开了茶馆，在一家报社当报童，他每天送报给中华大学时，常在课堂窗外踮起脚跟，听教授讲课，有时竟被精彩的演讲迷住，耽误了送报。老板知道后，将其解雇。他经友人介绍，到一艘长江客轮上做杂工，在长江漂泊将近一年，跑遍了鄂、赣、苏、皖等

△ 武昌中华大学老校门

省的沿江城市，广泛接触到社会下层人民，目睹工农群众的悲惨生活，对他影响很大。萧秋离开长江客轮后，到了安徽省芜湖投靠二哥萧树森。他住在吉和街宿松会馆的小阁楼里，白天在一家酱油店当徒工，晚上回宿松会馆。小阁楼只有一张小方桌、几张方凳和一个长木柜。萧秋以长柜作床铺，在木柜上空架了一块木板，用来放置杂物和一只装满书籍的竹篾箱子。他在这样的环境里，每晚坚持自学，疲倦的时候，用冷水洗脸，驱赶睡意，有时疲劳得实在无法控制，伏在桌上睡着了。萧秋自带的书读完了，就向邻居借书，由于他有信用，又爱惜书籍，邻居都乐意借给他。在恶劣的生活环境中，他将中学文理科的教科书自学完了，并且学会了写文章。后来，萧秋不愿长久寄于二哥篱下，离开芜湖，辗转于镇江、汉口等地，做杂工或做代课教师，仍过着漂泊不定的生活。萧秋在颠沛流离艰苦的生活中，逐渐洗涤了他幼年时优裕生活所养成的"少爷脾气"，为日后走上革命道路，打下了基础。

走上革命道路

(1911—1919)

→ 参加新军

★★★★★

（20—21岁）

1910 年底，萧秋在回汉口的轮船上，认识了青年郑希曾，两人志向相同，成为亲密的挚友。次年 1 月 21 日，汉口英租界巡捕房的巡捕无理踢死了一个人力车夫。第二天，一千多人力车夫在英巡捕房前抗议，要求惩办凶手。英领事下令开枪，打死打伤十多个车夫，激起了数万工人举行集会抗议。腐败无能的清政府，不敢与英国巡捕房交涉。萧秋与郑希曾十分愤怒，感叹国家积弱，必须与帝国主义斗争，才可以洗雪国耻。要斗争就要有军队，"非运动军队不可，运动军队非自身加入行伍不可"。萧秋与郑希曾相约参加新军，编入高尚志统领的卫戍第一镇新军中。新军是

△ 青年时的萧楚女

清政府在洋务运动中建立起来的，一部分士兵受到资产阶级民主革命思想的影响，拥护革命。武汉新军中，有革命党人领导的"军队同盟会"、"群治学社"、"振武学社"等秘密组织，策动士兵起义。"振武学社"遭到清军第二十一混成协统黎元洪解散后，革命党人又于1911年初组织"文学社"，推举蒋翊武为社长。该社不到半年，社员已有三千多人，成为武昌辛亥革命的主力。

与此同时，四川、广东、湖北等地相继爆发了反对清政府将铁路"收归国有"的保路运动，四川的斗争声势最大，同盟会和哥老会组织了保路同志军，举行起义。清政府十分惊恐，急派端方从湖北带兵入川镇压。武汉革命党人抓着这有利时机，积极准备武装起义。9月间，武汉的"文学社"与"共进社"两个革命团体决定以"文学社"首领蒋翊武担任起义军总指挥,"共进会"首领孙武担任参谋长,负责筹备起义工作。10月9日,孙武等人在汉口俄租界的宝善里制造炸弹,一枚炸弹爆炸,沙俄巡捕闻声赶来,将制备的旗帜、符号、印信、文告等搜去,并向清政府告密。第二天,武昌的一个起义机关又遭清政府破坏,搜去"题名簿"(武汉地区革命党人的名册)、文件、弹药等。清政府下令武昌全城戒严,封锁新军各标各营,大肆搜捕革命党人。

新军中有三分之一的士兵是参加了革命党的,"题名簿"被搜去,革命党人十分震惊,决定立即起义。10月10日晚,新军工程第八营左队在武昌首先发难,揭开了武昌辛亥革命序幕。第二十九、三十两标军队相继参加。瑞澂弃城逃跑,起义军占据了武昌,并攻汉阳、汉口。萧秋与郑希曾参加了起义,萧秋在战斗中勇敢杀敌,一只耳朵差点给炮声震聋了。

在革命狂澜的席卷下,清政府垮台了。1912年1月,中华民国成立,孙中山就任临时大总统。孙中山为实现国家统一,辞职让位于袁世凯。一部分革命党人争权夺利,孙武与蒋翊武两派为争军务部长、矿山、地盘而发生火拼。大冶人黄申乡以兵劫孙武,自称总司令。那时,萧秋与郑希曾驻守阳新县的一个锰矿,耳闻目睹了革命党人明争暗斗的丑恶,感到气愤与失望,认为"世上所有'革命'乃竟是这么一把交易",于是退伍寻求新的道路。

→ 口诛笔伐袁世凯

★★★★★

（22—25 岁）

萧秋与郑希曾为学一门谋生的技能，考入设在武昌的新民实业学校。该校是新开办的培养农桑技术人才专科学校，开设的课程有农桑技术、数学、物理、化学、语文等。萧秋入校前已自学了数、理、化课程，只有农桑技术需要一点时间学习，因而有充裕的时间和精力博览群书。他如饥似渴地阅读了当时新出版的各种书刊、报纸，增长了许多课外知识。1913 年 8 月间，新民实业学校即将举行毕业典礼，校长为显示自己的功绩，特邀请湖北督军、各中学校长和各报社的主笔参加学生毕业典礼。事前，请了一位所谓饱学之士代他起草训词。他们一字一句斟酌再三，方才定稿。毕业典礼那天，校长宣读的训词，八股气浓厚，内容贫乏，漏洞百出，人们边听边摇头。萧秋代表毕业生讲话，在督军等"大人物"面前镇静自如，讲话旁征博引，词语新颖，逻辑性强，富有感情。师生们对萧秋的演讲报以热烈掌声。毕业典礼结束，报社的记者、主笔，争着要发表萧秋的讲词。萧秋毕业后没有从事农桑业工作，经常为各报社投稿，评论时政，探索改造社会的途径，从此，他的名声已为人注意。后来,他回忆学习生活时说:现今这样的一个中国国家里,要想好好地读书,要想读一点像样的书,只是做梦。与那军阀、官僚……帝国主义决斗，那才救得出自己，救得出他人。

1913 年初，国民党在国会选举中获胜，国民党代理理事长宋教仁根据《临时约法》的规定，将组织"责任内阁"。袁世凯感到国民党势力壮大，严重地威胁到他的统治地位，指派凶徒于 3 月 20 日在上海车站刺杀了宋教仁。国民党与广大群众纷纷声讨袁世凯。袁世凯密令动员北洋军队镇压国民党，以武力消灭南方的革命力量。袁世凯为了解决军费,4 月间，向俄、英、法、德、日"五国银行团"借款 2500 万英镑。5 月间，袁世凯在"传语国民党人"的谈话中，肆意辱骂孙中山等国民党人，并以"举兵讨伐"相威胁。接着免去江西都督李烈钧、广东都督胡汉民、安徽都督柏文蔚等人的职务。国民党发动反袁的二次革命，李烈钧于 7 月 12 日在江西湖口宣布独立，组织"讨袁军"，发布"讨袁檄文"。嗣后，江苏、广东、安徽、福建、湖南、四川等省相继宣布独立。

1914 年 6 月间，革命党人张国勋、萧勋领导一支小部队，在汉水流域的派旺咀小镇起义，湖北军政府派兵镇压。张国勋起义军失败，军中革命党人孙仲刚等七八人逃到武昌，住在某校学生宿舍内。萧秋的朋友郑希曾也住在这里，郑希曾很同情孙仲刚等人，与他们痛谈国事。军政府密探侦悉他们的情况，派兵将张国勋、郑希曾等人捕去，进行严刑毒打迫供。郑希曾、张国勋、萧勋等六人坚贞不屈，6 月 24 日被杀害于汉口镇守署内。萧秋惊悉战友被杀，极为悲愤。郑希曾的父亲郑锡云在儿子牺牲后，把希望寄托在萧秋的身上，送一些钱给萧秋，要他找一个安全地方读书，害怕他也被捕。萧秋总结了反袁斗争的教训，认为郑希曾等人的斗争脱离群众，只是为"国民党做着那'跑龙套'的工作! 自然，这样的革命，如何能成! "萧秋曾参加国民党，此时对国民党失望，退出了国民党。

1914 年 8 月，第一次世界大战爆发，日本以对德宣战为借口，出兵我国山东，强行占据由德国租借的胶州湾和胶济铁路沿线各地，妄图将中国变为它的殖民地。次年1月，日本以支持袁世凯称帝为诱饵，向袁世凯政府提出了实质上是灭亡中国的"二十一条"不平等条约。袁世凯为取得日本支持他称帝，同意了大部分条款。但是，民主共和的观念已深入人心，广大群众反对袁世凯称帝复辟活动。湖北天门人刘泥清从日本留学归国，于1915年创办《崇德报》，鼓吹民族民主革命，反对恢复帝制，他经友人介绍，聘请萧秋为《崇德报》主笔。萧秋担任《崇德报》主笔，兼任《大汉报》的撰稿人。他撰写了许多文章，猛烈抨击袁世凯政府的苛政，鞭挞封建伦理道德，揭露帝国主义侵略中国的罪行，倾诉其对国家民族前途的忧愤。文风尖锐泼辣，给当时沉闷的舆论界带来了一股清新空气，因而声誉鹊起。报馆同仁因萧秋文才横溢，落笔成文，誉称他为"打字机"。萧秋的文章多以"楚女"笔名发表，是借用爱国诗人屈原所作《离骚》中的"忽反顾以流涕兮，哀高丘之无女"一句话。据朱熹《楚辞集注》的释义，"女，神女，盖以比贤君也"。湖北在古代属楚国之地，"楚"字是湖北的简称。萧秋用"楚女"作笔名，用以表示自己救国的志向，此后，萧秋以楚女之名在社会上纵横驰骋。

五四洪流中觉醒

★★★★★

（26—28岁）

1917年俄国十月革命胜利，马克思主义传入中国，使中国人民看到了革命的新曙光。是年，恽代英在湖北组织了以"群策群力，自助助人"为宗旨的"互助社"，订立了不染恶嗜，不做无益事等八项戒约。萧楚女与恽代英结识后，大力支持他的活动，但由于萧楚女有抽烟积习，一时难戒烟，不符合"互助社"的戒约，没有参加该组织。1918年11月德国投降，第一次世界大战结束。萧楚女对前途仍感不安，12月间，在《汉口新闻报》发表题为《寄孙问梅兼示泥清、仲宣》的一首诗，借怀念离开武汉的挚友刘泥清、秦仲宣、孙问梅，抒发自己漂泊多年，艰苦奋斗，仍未找到救国救民道路的心境：

北风吹寒雨，夹势如飞镝。

飘然天涯来，萧飒满园湿。

广陌叶声繁，穷巷泥涂积。

卷帘望秋色，洒扫无遗迹。

幽人悲岁暮，念此百感集。

初与君别时，何言日月疾。

天时不我与，人事犹如昔。

历历西窗下，熠熠秋灯侧。

檐花落细雨，秋声绕虚室。

载饮我浊酒，载豁我胸膈。

赋诗准曹刘，谈话拟卫霍。

少年俊迈气，壮志未肯息。

及今蓬发改，三十不能立。

酒醒中夜起，抚剑涕横臆。

相知遍海内，此怀何由说。

病叶先衰殒，枯鱼过河泣。

凄悯箜篌引，饱囊不忍读。

落落肝胆交，维君崇令德。

相视何所赠，迥然此莫逆。

秋花含红泪，淋漓频首镝。

狼藉庭阶前，慰君他乡忆。

这首诗反映了萧楚女在前进道路上遇到许

多挫折，但壮志不息，要抚剑而起，以曹操、刘备、卫青、霍去病为榜样，将要驰骋天涯，为救国救民做一番事业。

1919年5月4日，北京学生爱国运动爆发，全国各地纷纷响应。5月7日，林育南接到在北京的朋友来信，介绍了北京五四运动情况，他将此信贴在武昌大学附中的揭示处。同学们看到北京来信，十分震动，纷纷集会抗议军阀政府的卖国行为。6月1日，武汉学生开始罢课，军警捕去学生十多人，武汉市民支持学生的斗争，形成了罢课、罢工、罢市的三罢运动。萧楚女为声援学生的斗争，发表与日本人开办的《湖广新报》断绝一切关系的声明。他在《大汉报》发表许多文章，猛烈抨击北京政府和湖北军政府镇压爱国运动的罪行。湖北督军王占元十分害怕，迫使《大汉报》经理将萧楚女辞退。报馆同仁支持萧楚女，有几位好友愤怒地与萧楚女一起辞职，并联名发表宣言，揭露军阀压迫萧楚女辞职真相。

五四运动推动新文化运动的发展与马克思主义在中国的传播，《新青年》、《觉悟》、《每周评论》等报刊，从不同角度介绍马克思主义。萧楚女深受影响，后来他自述这段经历："从一种极其苦恼、矛盾的生活中救了出来。"过去追求物质享受思想与抽烟坏习惯也断然戒掉了，"当我家中已经没有晚饭米了，我还要对那无烟冷灶，筹划我一旦找到了职业时，怎么样换花缎或摹本的皮袍面子"。有了工作后，工资并不多，"计算只有五六元寄给我那可怜的以青年守寡抚我成人的慈母时，我还要抽出二百文来，买两盒盗牌纸烟"。五四运动使萧楚女觉醒，连上述坏习惯也戒了，他说："五四以后的赤裸裸的学风，自然主义的文艺，做了我的一面镜子，反映出自己的可憎面目——救了我出来了! 返璞归真，重新在我自己的枯骨里，找到了'我'之本然的自身。戒了一切恶习——最后戒了那连一分钟也不能离的纸烟。"在五四运动期间，萧楚女勇敢地向封建的旧习惯势力挑战，帮助守寡的妹妹顺宝脱离武昌观音阁节妇堂，送她到一所女子学校念书，并驳斥了封建遗老对于此事的指责。他又主张男女平等，反对将妇女作为男人的玩物。反对要妇女缠足，不顾母亲的阻拦，亲自将小妹妹的裹脚布解下，扔在垃圾堆里，帮助妹妹们解除了封建的精神枷锁。

青年信仰的良师

(1920—1924)

→ 主张改良乡俗

1920 年 1 月，恽代英组织了以"共同生活的社会服务"为宗旨的"利群书社"，社址设在武昌横街头 18 号，代售《共产党宣言》、《新青年》、《星期评论》等书刊，组织青年讨论时局问题，萧楚女应恽代英的邀请，参加了"利群书社"，协助出版油印小报《利群》。萧楚女的朋友刘泥清在襄阳湖北省立第二师范任校长，要改革教育，广招人才，特邀萧楚女前往襄阳二师任教。萧楚女于 1920 年 9 月到襄阳二师任教员，在《教员登记表》中写道：担任的课程"国文、物理、哲学专任教员。姓名萧秋，字楚女，汉阳人，（民国）九年九月到校，通讯处汉阳鹦鹉洲洲头"。

襄阳地处鄂西北的一隅，交通不便，消息比较闭塞，由于萧楚女与恽代英保持密切联系，经常收到"利群书社"寄来新出版的报刊，对国家局势和新文化运动仍有相当了解。校长刘泥清请萧楚女讲授以新文化为主要内容的国文课。萧楚女讲国文课时，曾向学生提出谁是中国当代最伟大的文学家，学生的答案很多。萧楚女说，当代最伟大文学家是鲁迅。并以鲁迅写的《狂人日记》为例子作了深刻分析，指出中国封建主义的人吃人本质，封建礼教和宗法制度的罪恶，使学生深受教育。他讲授哲学课，没有统一的教材，萧楚女自编哲学教材，向学生介绍了黑格尔、马克思、费尔巴哈等各种哲学流派，宣传唯物主义和辩证法，批判唯心主义。由于他对黑格尔的辩证法很赞赏，而且喜穿黑色衣服，所以学生们亲昵地称呼他为"黑格尔"。

　　与此同时，苏俄政府发表了第二次对华宣言，重申废除过去帝俄强加给中国的不平等条约，与北京政府恢复俄中正常邦交。但北京政府置之不理，消息传至襄阳，学生上街游行，印发"快邮代电"，要求北京政府恢复中俄邦交。萧楚女支持学生的行动，为他们编写了《爱国心》剧本。该剧演出后，许多人看后都为之动容。他常教导学生说，一个人生在社会上，应像一根燃烧着的蜡烛，发出光与热，可以照亮别人。启发学生多做群众工作。1921年1月，荆门、当阳、远安、南漳、钟祥在襄阳二师的学生，组织了"乡俗改良会"，萧楚女帮助该会审定《乡俗改良会章程》。乡俗改良会主要任务是：一、反对封建迷信；二、打倒土豪劣绅；三、反对妇女缠足，提倡大脚；四、反对吸鸦片烟，反对坐兜轿，反对请客吃酒；五、反对读"四书五经"。乡俗改良会成立后，在鄂西北开展一系列有关移风易俗的宣传活动，取得了一定成绩。同时，襄阳二师学生在萧楚女的支持下，将学生会改组为学生自治会，克服了组织涣散、纪律松懈的状况。7月中旬，恽代英、李求实、林育南等领导的"利群书社"与湖南的"文化书社"等团体代表，在湖北黄岗浚新小学举行联席会议，决定成立"以积极切实的预备，企求阶级斗争，劳农政治的实现，以达到圆满的人类共存的目的"为宗旨的"共存社"。萧楚女因教学工作繁忙，没有出席会议，但很赞成"共存社"的社章，并参加了该组织。恽代英组织"共存社"时，尚不知道中国共产党已成立，当他知道后，将"共存社"解散，动员思想进步的社员参加中国共产党。

冯开浚接替刘泥清任襄阳二师校长后，对萧楚女的工作诸多刁难，并向襄阳当局诬告萧楚女煽动风潮。是年秋，萧楚女被迫离开襄阳二师，与刘子谷等学生离别前，将自己阅过的87篇书报资料剪辑，订成一本《社会主义摘要》，并在封面上题书"乾山、子谷两弟子留阅"。刘子谷十分感动，认真学习了《社会主义摘要》所载的陈独秀、李大钊等人的文章，对社会主义的认识有了很大提高。

萧楚女回到武汉后，他的一位姓郑朋友写信给在武汉学习的儿子，介绍萧楚女是一位博学多才、品德高尚、热诚待人的良师益友，要儿子登门求教。郑某的儿子遵照父命，到了鹦鹉洲萧楚女家里拜访。萧家的房子很简陋，前房是萧母睡的，后房是萧楚女睡的。萧楚女将客人迎进自己房里，促膝谈心。萧楚女滔滔不绝地分析了从封建王朝到中华民国成立，从封建文化的衰落腐朽到新文化运动兴起的情况，以及关于中国的前途等问题。这个青年听得津津有味，到了傍晚仍不愿离去。萧楚女只好留客人吃晚饭。由于萧楚女当时失业，家无隔夜粮，萧母只好煮了一点粗面招待客人。客人知道萧楚女家境如此困难，却热情款待他，心里十分感动。

晚饭后，客人看到萧楚女书桌上放了一套韩愈著的《昌黎先生文集》，封面上有萧楚女手批"禄蠹"两字，客人不解其意，向萧楚女请教。萧楚女解释说，韩愈是有成就的文学家，但终日想当大官和拿俸禄，对社会不满只是怀才不遇而矣！所以我很鄙视他的行为与思想，因而在其著作上写了这两个字。客人听后，很钦佩萧楚女不为名利的高尚品格。

➤ 激励青年到民间去

★★★★★

（30—31岁）

恽代英在安徽宣城任安徽第四师范学校教务主任，并按"利群书社"互助精神，以"附学"办法携带吴化之、李求实等人去附读，又邀请萧楚女前往教学。萧楚女到宣城安徽第四师范学校后，大力协助恽代英工作，并讲授国文等课程。他讲课时通过分析韩愈、托尔斯泰等人作品，联系古今中外历史，揭示帝国主义对中国侵略和当时中国社会的黑暗。他对学生说："中国只有革命，才能富强起来。要革命就全靠你们一班青年奋勇斗争，不怕艰苦，不怕牺牲，革命才能成功。"由于萧楚女讲课内容丰富，深入浅出，生动有趣，发人深思。每当萧楚女上课时，别的班许多学生也前来旁听，挤不进教室的则站在室外听课。学校领导为了满足学生要求，又不影响各班上课，将萧楚女的课安排在下午，地点改在礼堂。萧楚女教学生写作时，从审题、立意、结构等方法指导，有时改变老师出题、学生写作的旧教学方法，改为学生出题，他作范文，供学生研读。他的作风平易近人，亦师亦友，受到学生爱戴。有的学生因对时局认识有分歧，时相龃龉，几至殴斗，校中许多老师劝阻无果。萧楚女挺身而出，对闹事学生进行调解，帮助他们正确认识时局，消除分歧，言归于好。

宣城第四师范学校的学监唐石亭是占有良田万亩的恶霸地主，政治上投靠皖南镇守使，思想反动，规定老师上课不许谈论国事，否则严加追究。萧楚女理直气壮地反驳说：自古到今，哪有不让先生教学生爱国的呢？况且热爱国家，匹夫有责。唐石亭为了压制学生参加革命活动，以"品德恶劣，不堪造就"的罪名，将郑求坚、王子堂等十名学生开除，许多学生声援被开除的同学。萧楚女支持学生的斗争，要学生刻苦学习，以宋代范仲淹为榜样。范仲淹很穷，在僧舍读书时，常常把隔夜凝结了的粥，划成若干块，每餐找一块咸菜和一块粥来吃，萧楚女讲了这个"古人尚能断齑画粥"的故事。郑求坚、王子堂等被开除学生听到后，感动得热泪盈眶，表示一定要刻苦学习，奋斗到底。萧楚女看到学生的态度如此坚决，十分高兴。他凭窗眺望，仿佛看见李太白遨游的敬亭山和宣城师范学生击水奋渡宛溪河的情景，感到这么壮丽的山河却被帝国主义和封建军阀任意践踏，十分愤慨，亦深感今后拯救国家民族的重任，要寄托在青年一代，因而按捺不住心中的激情，挥笔疾书，写了一首词：

　　敬亭拱北，宛水环东，山川明秀郁葱茏，高霁明影，叠嶂重重，吾校巍然镇其中。

　　今日少年，断粥身功，将来东亚主人翁，前程万里，毛羽需丰，一旦奋飞何其雄。

萧楚女写好后，自吟两遍，修改两处，送给恽代英看，请他提意见。恽代英看后，连连称赞："好词，怪不得人称萧大秀才呢！"这首词在师生中传开后，都说很难见到的好词，不久被谱曲传唱。

郑求坚被开除后，靠亲友帮助，在城内一家洋铁铺打工，晚上经常到萧楚女的寓所借书或聆听他的教导。王子堂则回乡种田，有一天，他派弟弟送一份血书给萧楚女和恽代英。血书写道："恽先生、萧先生：春荒，借唐家稻谷四石，唐石亭要滚利十石。吾说，荒年欺人太甚。他们说我'造反'将吾毒打致残，命不保夕，吾弟代呈血书，感先生教恩……"萧楚女与恽代英慎重研究后，决定发动学生与唐石亭斗争。郑求坚等人拿着血书，到唐石亭寓所，要他给王子堂赔偿，郑求坚对围观的群众说："王子堂是我的学友，为人正直，因为交不起唐石亭的利滚利，惨遭毒打，危在旦夕。"群众听

△ 1922年五一劳动节萧楚女与宣城青年合影

后非常激愤，纷纷谴责唐石亭。唐石亭以讨论赔偿为名，诱骗郑求坚入室内，将其毒打、拘留。郑求坚被拘留的消息传开，各校学生纷纷声援郑求坚、王子堂，举行集会，游行示威，散发传单，高呼"还我学友！严惩凶手！"并把县府包围得水泄不通。迫使唐石亭答应释放郑求坚，赔偿王子堂医药费。

10月间，恽代英接到家书，得知妻子病故，离开宣城回家。萧楚女领导青年的工作任务更重了，他针对宣城地区的学校教育存在脱离实际和统治者黑暗的状况，向学生提出"改革社会"和"到民间去"两个口号，引导学生到群众中去，做宣传组织工作。有学生积极响应，到农村组织了乡村教育改造社，为农村的教育事业作出贡献。

1922年5月1日国际劳动节，宣城各界群众举行庆祝活动。萧楚女出席大会，并在会上演讲五一节的历史与意义。5月4日，他参加宣城各界人士在积谷仓举行的五四运动三周年纪念大会，萧楚女在会上阐述了五四运动的历史与意义，号召青年弘扬五四运动精神，投身革命斗争。芜湖第五中学校长高语罕邀请萧楚女到芜湖教书，萧楚女多次在芜湖第五中学和第二甲种农业学校演讲，论述了历史上封建地主阶级对农民的压迫剥削、农民起义、鸦片战争后中国如何逐步沦为半封建半殖民地社会的问题，使学生受到很大启发与教育。事后，有一部分学生自发捣毁孔庙里的孔子牌位，轰动了芜湖。唐石亭和当地封建遗老视萧楚女为洪水猛兽，勾结商会会长朱动恂联名诬告萧楚女组织党羽，煽动学生，图谋不轨。萧楚女得知安徽省督军欲下逮捕令，遂离开宣城。萧楚女后来自述："我前几年当革命党，因为怕侦探捉我——那时内心生活，简直没有一刻安宁。"1922年7、8月间，萧楚女离开芜湖，回到武汉。

→ 给巴蜀教育注入新风

★★★★★

（31—32岁）

四川军阀割据，政党派系多，政府更迭频繁，政局紊乱，人民陷于水深火热之中。同时，革命新风亦吹进巴蜀大地。少年中国学会会员卢作孚出任川南道尹公署教育科长，他顺应时代的潮流，要在川南树立新风气，邀请少年中国学会会友恽代英赴川南，任泸州师范教务主任。恽代英应邀前往。不久，校长王德西调走，由恽代英代校长兼教务主任。泸州的青年团于1921年秋筹组，1922年，恽代英抵泸州后正式建立，并任青年团负责人。是年暑期，恽代英前往上海，为学校采购图书、教学仪器，路过武汉时，适遇萧楚女也从芜湖回到武汉，朋友重逢，格外亲热。就在这时候，萧楚女由恽代英和林育南的介绍，参加了中国共产党，从此成为一个坚强的共产主义战士。

接着，萧楚女亦往泸州师范教书，到泸州不久，川南政局发生变化，军阀赖心辉占据泸州，其旅长张英兼任川南道尹，施行苛政，卢作孚与恽代英均被免职。泸州师范校长由罗廷光担任，学生不满罗廷光和川南道尹的措施，掀起拒罗留恽的择师运动。张英只好自兼泸州师范校长。恽代英从上海购置图书、仪器回泸州后，张英于道尹公署召集校务会议，诬蔑恽代英贪污经费、鼓动风潮，将恽代英拘留。张英在社会舆论压力和吴玉章致电营救的情势下，释放了恽代英。恽代英和萧楚女到了重庆，恽代英转往成都。萧楚女于9、10月间，应重庆联合中学校长熊禹治的邀请，到该校任国文教员。萧楚女在教学之余，常到校场口大观坪卢作孚家做客，谈论教育与社会问题。卢作孚主张用微生物的精神，以慢性分解的办法对付帝国主义。萧楚女则主张用炸弹的力量，迅速摧毁帝国主义侵略势力。

军阀刘成勋和川东道尹徐孝刚上台后，先后把联合中学、巴县中学等校校长撤职，并开除一批进步学生。道尹徐孝刚的御用文人攻击萧楚女到联合中学只是宣传过激，未担任过一小时功课。为抗议军阀无理开除进步教师和学生，萧楚女与王仲和等教师发表《本校教职员宣言》，揭露反动政客摧残教育的罪行。反动文人指责萧楚女是共产党员，煽动学潮。

萧楚女毫不畏惧，公开声明自己是共产主义者，只是宣传爱国思想和马克思主义，鼓励学生进步。后来，他谈及此事时说：不怕别人说我是共产党员"，"因我久已在四川明白宣言过我是信仰共产主义的"。

为了解决泸州、成都、重庆因学潮而失学的青年就读问题，萧楚女与熊禹治等教师开办了以"选士育才"为宗旨的重庆公学，校址设在重庆半边街铁道银行旧址，学生一百五十多人，11月27日正式开课。课程设置的目的是"为了适应现代社会的需要"及"青年的个性"，开设了数、理、化、国文、外文、心理学、伦

△ 萧楚女与重庆女二师部分师生合影

理学、哲学等必修课与选修课。重庆公学的经费是捐助的，学生免费入学。由于经费不足，教师宁愿只吃饭，不拿薪水。学校实行民主管理，成立行政委员会，萧楚女是行政委员会委员之一，主管会计股，并担任国文、地理两科教学。

四川的学校教学内容多随政潮而更改，重庆公学却不"依阿政客军人势力"，它发表的《对外宣言》，阐明开办原因，是"不能亦不敢对四川各界直说的其他原因"。为了取得办校的合法地位，萧楚女受同事委托，草拟呈文，向道署申请立案。川东道尹徐孝刚不许重庆公学申请立案。萧楚女代表重庆公学致函四川当局但懋辛、邓锡侯进行申诉。重庆反动当局不顾群众反对，于12月29日下令解散重庆公学。萧楚女将禁令的内容作为"最后一课"，向学生揭露军阀罪恶，鼓励学生转入农村开展工作，寻求新的出路。

重庆公学解散后，四川万县省立第四师范学校校长刘明扬邀请萧楚女前往教学，答应萧楚女提出的自由讲学的条件。1923年初，萧楚女到了万县四师，发现该校教学方法十分呆板，脱离社会实际，学生中有不少是纨绔子弟，只知吃喝玩乐，无心向学。萧楚女为了改变这种现象，决心以自己的实际行动影响校中师生，自扫寝室，在饭堂吃饭，自己添饭，不使用校工。每到星期六萧楚女又率领学生大扫除。校工和学生都尊敬他，一些纨绔子弟受到影响有了转变。萧楚女教国文课，选用《离骚》、《封建论》、《石壕吏》以及新文学为教材，他的精彩讲演使学生一时鸦雀无声，一时感动得流泪。

萧楚女曾以"我这支笔"为题，给学生作文。有一个学生在文章中写道："我不指望我这支笔能找到衣食，只要它能反映正直的人生，不亏名节，不屈己以悦权势……"萧楚女看了这篇文章，十分赞赏，用朱笔批道："好，有志气！祈望你那毛锥子更进一步鼓着勇气，挺起胸膛，把那一切害人虫套给群众颈上的枷锁，拴住群众手脚的镣铐，压着人民心坎上的铁块，毫不容情揭露出来，进行笔伐鞭挞。"萧楚女教学成绩显著，被委为学监。他曾发动学生进行反对帝国主义经济侵略，抵制日货的活动。万县有一间"万申祥"百货商店，大量卖日货，老板诨号叫王二冲。学生上街宣传抵制日货，萧楚女帮助学生修改演讲词和传单。王二冲唆使一部分店员和车夫阻拦和打骂学生。萧楚女立即为学生写请愿书，并带领学生向县长请愿。县长迫于群众压力，下令封闭"万申祥"，拘留王二冲，责令其赔偿学生的损失。斗争胜利后，萧楚女赋诗一首，表达他不贪念、不畏敌，为人民敢拔剑而起的气概。其内容是：

楚地一丑女，布裙适自安，

效颦何贱陋，卖娇亦羞惭；

愿供贫民食，不作侯门餐，

拔剑出长铗，勇斗制强顽。

萧楚女在教学工作外，积极协助万县青年团的发展，并介绍了朱亚凡、吴逸僧、郑叔伦等进步学生加入青年团。

这时，驻鄂的川军第二军第十六师师长杨森，得到了吴佩孚的接济，趁川军内战，民怨沸腾的时机，打着"拯救全川父老兄弟姐妹"的旗号，由鄂回川。4月间，杨森军次万县，闻萧楚女才华出众，聘萧楚女任秘书。萧楚女在杨森未撕下伪装前，决定利用这一机会开展活动，应聘担任杨森的秘书。他撰写了一篇《杨森对川人的宣言》，揭示川人受兵多、匪多、腐败官僚多的痛苦，提出了整顿地方财政，建设内地交通，发展实业和教育事业等方面的治川方针，并提出要完成这些改革，先决条件是"确定人民法权"，这篇宣言发表后，社会舆论称赞它"胜过百万甲兵"。

杨森打败熊克武后，立即暴露了原来的反动面目，将对人民许下的诺言抛到九霄云外。萧楚女愤而辞去秘书的职务，欲回万县第四师范学校任教。校长刘明阳已投靠杨森，不欢迎萧楚女。萧楚女决意离开万县，与友人临别时，赠友人七绝一首：

东西飘荡志未酬，慷慨长啸几度秋。

幸是神州多辽阔，揽辔驰驱任遨游。

这首诗反映了他经过多年的艰苦奋斗，仍未取得满意成就，但对革命仍充满信心，坚持奋斗的心情。

→ 任《新蜀报》主笔

☆☆☆☆☆

（32岁）

6月间，萧楚女离开万县往重庆，在重庆女子第二师范学校任国文教师。他为了解学生的状况，曾以"我的自传"为题，让学生写作。学生江素英家境贫困，思想悲观，学习有困难，在作文中流露了颓丧思想。萧楚女在她的作文中批道：人生不如意者，十之八九，但只要努力奋斗，困难可克服的。他的学生将毕业时，将作品编辑成《南音》出版，请萧楚女作序。萧楚女为此书写了一首词作序："泻水掷平地，各自东西南北流……"表达了对即将各奔前程的学生的祝愿，望他们事业有成。

《新蜀报》经理聘萧楚女任该报主笔，负责写社论时评。萧楚女为《新蜀报》增添"社会青年问题"和"社会黑幕"专栏。他文风泼辣，喊出了人民的呼声，受到群众欢迎。使《新蜀报》的发行量从几百份增至六千多份，成为当时四川最具影响、最畅销的报纸。四川《民苏报》为与《新蜀报》争夺销路，与邪教勾结，唐焕章自命的统一六教教主，利用

△ 《新蜀报》主笔萧楚女

川军混战，粮食缺乏，治安紊乱，人心浮动的形势，在重庆南岸设坛，宣传孔子"在陈绝粮"是实行"避谷"，入教不吃饭，可得长生不老。又说农历八月十五中秋节将发生天崩地裂，要躲在家中避祸。《民苏报》为其鼓吹，使许多市民惶惶不可终日。

萧楚女在《新蜀报》发表文章，揭露唐焕

章的罪恶。唐焕章凶相毕露，叫喊要捣毁《新蜀报》，"刺杀编辑"，萧楚女与同事们屹不为动。中秋节那天，《新蜀报》发表《请看"吃屎教"所说的今天》，指出中秋节天气晴朗，风和日丽，既没有"天崩地裂"，也没有"天兵天将下凡"，从而戳穿了唐焕章骗人的把戏。受骗群众纷纷觉醒，要求重庆市政府严禁"吃屎教"，逞办教主。重庆警察厅取缔了"吃屎教"，拘捕了来不及逃跑的副教主苏伯平，要他具书悔改后，驱逐出境。

萧楚女在《新蜀报》发表的文章，都用"楚

▽ 重庆《新蜀报》旧址

女"或"萧楚女"的名字，有一些轻薄的男子误以为楚女就是女性，写信到编辑部，向萧楚女求婚。萧楚女曾接到了一个男青年写来的甜言蜜语求爱信，要求见面。萧楚女约他来报社相见。该男青年到了报社，问谁是萧楚女，萧楚女说我是，找我有何指教。客人看他满脸麻子，戴着一副近视眼镜，身高而清瘦，不敢相信眼前的人就是萧楚女，以为此人开玩笑。当得到报社工人证实眼前的男子确是萧楚女后，十分尴尬，窘迫地连说"误会! 误会!"迅速离开报社。事后有人笑问萧楚女为何弄出这样的恶作剧。他严肃地说，对于轻浮浪子之辈，不如此不足惩戒。但是，求爱信仍纷纷寄来。他只好在《新蜀报》登出一则启事："楚女是个年近四十的男子，脸麻、背驼、多须、近视，并不是未婚的女性……"这件事一时传为笑谈。

青年好向导

(1924-1925)

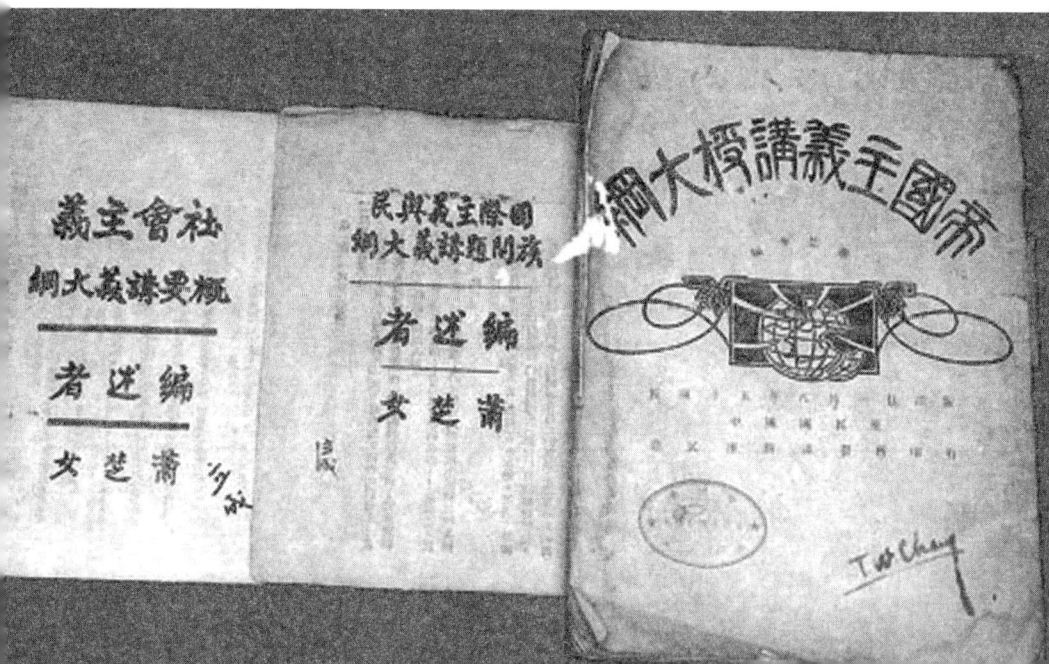

→ 襄阳教书

（33岁）

　　1924年1月间，萧楚女乘坐巴江轮离渝回汉，探望病重的慈母，轮船经过宜昌上游的南沱小镇时抛锚停船，从船上卸下了大批用美孚牌煤油罐密封着的鸦片烟土，由小舢板运到码头靠岸。工人搬上码头，海关的外籍人员与鸦片贩子共同盘点，由士兵与警察保护，戒备森严。萧楚女等旅客看到帝国主义、军阀和买办商人相互勾结、狼狈为奸的情景，都非常气愤。他向轮船上的水手进一步了解到从重庆开出的川江轮，都是在南沱镇转运鸦片的。此事铭刻在萧楚女的脑子里，后来他在《中国青年》发表了《难怪列强反对收回海关》一文，深刻揭露帝国主义控制中国海关走私贩毒的罪恶。

萧楚女回到家，母亲已病危，不久辞世。他忆起母亲年轻守寡，艰难地抚养自己成长的情景，悲痛欲绝。亲友与邻居赶来吊唁，有人提出要按旧习俗"打斋"招魂。萧楚女揩干泪水，婉言谢绝了"打斋"的建议，只举行了简单的悼念仪式便结束丧事。一个姓杨的朋友在吊唁中对他说：要节哀，"要为敌人而珍重"。萧楚女领会朋友的好意，认识到这个"敌人，不就是我们所要改造的社会么？我现在自然不能借口说我的身体弱了，便卸去我所应负的改造之天责"。于是，他振作起精神，开展社会调查。

陶行知等教育家为了国家民族生存，主张平民教育救国，开设了平民读书处。萧楚女见到邻居的一个少年，挑着菜担回来，便问他为什么不到平民读书处学习，少年回答："我若不卖菜，家里便没有米下锅了，父亲就会骂我哩！"事后，萧楚女将调查的见闻写成《陶朱公底"平民教育"》一文，揭示"平民教育"不能实行的原因在于社会上存在着剥削制度，指出："现制度若不经过一番彻底的'翻砂'功夫，平民教育么？我恐怕不止像汉口今天这样，只留下几张纸招牌。"

襄阳湖北省立第二师范学校校长单家桑在秦纵仙等人推荐下，邀请萧楚女回襄阳任教。他到襄阳二师后，向秦纵仙了解学校的变化和学生的学习和思想状况后，决定讲授社会科学，介绍马克思、列宁、圣西门、费边、考茨基等人的著作，以及俄国十月革命后的社会制度和经济状况。襄阳师范的学生自治会在萧楚女1921年秋离开襄阳后，已处于涣散状态。萧楚女再到襄阳二师后，发动学生重组学生会。有一位学生被选为学生会委员后，对萧楚女说："我并不是不肯为公众效力，只是自觉才力不足，须得到有了相当的知识时，然后才能担此职。"萧楚女耐心地帮助他认识学习与工作的关系，端正学习目的。指出："你的学习，根本上是为什么而学习？岂不是为了'做'而学习吗？"正确的态度应该是"一边学习，一边做，一边做，一边学习"。而"人永远是学习的，死的时候，才是毕业的时候"。这个学生被萧楚女感动了，愉快地接受了学生自治会的工作。

萧楚女对敌人是无情揭露和坚决斗争，但对一些有保守落后思想的人，则是满腔热情地帮助。襄阳道尹熊宾以办慈善事业为名，搞"扶乩"求仙的封建迷信活动，大肆搜刮群众的钱财。有一次，熊宾佯言距襄阳30里的隆中，某月某日有神仙降世，晓示全襄祸福，煽动群众去隆中贡拜。襄阳镇守使张联升平日因与熊宾分赃不匀，矛盾很深。当熊宾率领前往隆中的队伍出城门时，张联升下令搜查熊宾派人扛的两个巨箱，当场将匿藏在箱内扮神仙的无赖揪出来。无赖供出内幕，戳穿了熊宾的鬼把戏。事后，萧楚女以《新聊斋志异》为题撰文，在《中国青年》发表，将此事广为披露。

襄阳二师有一个哲学教员叫杨立生，是当地有名的秀才开明士绅，笃信老庄哲学。他经常与萧楚女就哲学问题进行争论，虽然理屈，口头仍不肯认输，心里却十分佩服萧楚女博学多才。萧楚女掌握他思想特点，热情主动接近他，常与秦纵仙到杨立生家交谈。送《中国青年》、《向导》等刊物给他阅读，使他终于接受了马克思主义哲学观点，与萧楚女、恽代英等共产党人成为挚友。萧楚女离开襄阳时，杨立生托他将资助《中国青年》的一笔赠款带给恽代英。5月25日，恽代英致函杨立生说："楚女来沪得知襄樊有如先生之学识而热心的人，且捐赠二十元以表赞助我辈活动……令代英无任钦慰。"杨立生后来为革命做了许多工作。

➡ 任《中国青年》编辑

（33岁）

　　5月间，萧楚女从襄阳回到武汉后，受团中央委托，到江苏省吴江县、松江县、江阴县等地检查团的工作。他在吴江县横扇第一小学，了解该校教员傅缉光信仰马克思主义，渴望参加青年团。萧楚女经过对傅缉光考察教育，介绍他参加了青年团。同时，萧楚女又调查了吴江县震泽丛业公学的状况，知道该校有一个姓陈的国民党员，思想进步，拥护共产党主张，并与共产党员张秋人相识。萧楚女立即写信报告林育南，建议林育南去信张秋人，请张秋人与陈某联系，培养他参加青年团。接着，萧楚女考察了松江景贤女子中学和江阴县云亭小学，知道这两校只有共产党员，尚未有团组织。为更好地团结广大青年，他建议团中央委托这两校的党员负责发展团员，建立团的组织。萧楚女在张堰云溪学校调查，发现新团员李一谔对马克思主义认识很差，于是派他到金山地区，兼任开展农民运动工作。使他在实践中得到锻炼，提高了认识。

与此同时，萧楚女为加强革命统一战线工作，调查该地区的国民党组织情况，写信给团中央，提出"关于民校（是指国民党），我想在CY（是指青年团）中央常委报告一下"。建议团中央注意这方面问题。

△ 萧楚女参加编辑的《中国青年》

5月18日，萧楚女到了上海，住在辣斐德路186号《新建设》杂志社，协助恽代英编辑《中国青年》，并为《向导》、《新建设》、《学生杂志》、《教育与人生周刊》、《上海民国日报》等报刊撰稿。他在沪五个月的时间里，先后发表五十多篇文章，号召青年学习马克思主义，反对无政府主义。当时，社会上有各种学术流派，梁启超在清华大学讲学，鼓吹杜威的实用主义；张君劢大讲玄学；胡适则主张"多研究些问题，少谈些主义"。萧楚女祈望青年学习革命理论，了解民众，研究社会现状，指出学习马克思主义"是一种时代的要求"，是"青年在今日所应持的唯一态度"。

许多要求进步的青年，对青年团非常信赖，经常将自己不能解决的问题，写信给《中国青年》，请求编辑部解答。萧楚女根据来信者的思想及当时的社会思潮，热情地解答青年提出的各种问题。读者胡文叔写信给他，说看了《民声》杂志，使他迷途知返，"得见天日"。萧楚女给他回了一封公开信，指出《民声》杂志是无政府主义者的刊物，希望他摆脱无政府主义影响，"再去深思一下"马克思主义。襄阳二师学生程钦写信给《中国青年》，对社会现实不满，希望过隐居的生活。萧楚女公开答复，分析了在帝国主义侵略、军阀横行的时候，是不能过隐居生活的，要改变社会状况，就要斗争，"做个永远奋斗的好人"。并指出："方今中国'民众的沉闷'已达极点，必须到民间去，做启发和组织工作。"

《中国青年》开辟了"新刊批评"专栏，由萧楚女任主笔。专栏向青年介绍了国内外出版的 18 种期刊。其中包括周恩来、陈延年等人在法国出版的《赤光》杂志，萧楚女对《赤光》进行了详细介绍，评价很高，指出："系留欧中国学生中持左进主义者所办。对于欧洲方面的时局观察，颇能予人以一种明了确当的观念。"萧楚女对周逸群、李公侠在上海出版的《贵州青年》的评价很高，指出：它"是贵州人民为了要求贵州前途底光明而办的，它底宣言是：促进真实的民主政治；唤起民众底阶级的自觉，以与权力阶级对抗，不持狭隘的地方主义，于解决贵州问题时，并企图解决国家问题"。关于改革社会、拯救中国的问题，学者进行激烈争论，在众说纷纭中有"教育救国论"和"革命救国论"两种对立意见。主张"教育救国论"者分为三派：第一派认为中国之所以动乱，是由于人心太坏，唯一办法，须从"正人心"下手；第二派认为中国多乱的原因，是中国人民缺乏一种民族的意识，主张进行国家主义的教育；第三派主张职业科学教育论。萧楚女主张"革命救国论"，他在《学生杂志》、《向导》、《上海民国日报》等报刊上，发表不少文章，分析了社会现状，指出军阀、绅士、官僚、政客、帝国主义者相互勾结在一起，统治着中国人民。因此，救治中国必须要用革命方法，才能解决中国社会的根本问题，不改革社会旧制度，人们是不可以安心读书和教书的，广州"圣三一"、"协和"、"圣心"三校是一个令人深思的例子。经过教育与革命的论战，许多青年把萧楚女看做自己的良师，将《中国青年》看做指路明灯。有一位读者指出："五四运动后，中国出版界最早唤醒青年底沉梦，告诉青年以革命的理由、步骤的——以余所知，当推《中国青年》第一，读了《中国青年》而犹漠然于国事者，除非他是个生来的蠢夫。"

⟶ 改组成、泸、渝青年团

★★★★★

（33岁）

1924年下半年，重庆女二师教务长和《新蜀报》负责人先后写信给萧楚女，请他回重庆工作。此时，成都、泸州、重庆三地青年团负责人竟然不请示团中央，擅自与四川的国民党缔结"条约"。7月间，团的负责人唐伯焜等得知萧楚女将要到四川工作，便煽动何星辅（薪斧）、童庸生联名于7月24日上书团中央，对萧楚女去年在四川的活动进行攻击，说《新蜀报》是进步系的报纸，"前次楚女在川任杨森秘书及《新蜀报》编辑，川中青年，至误认杨森为马（按：指信仰马克思主义）"，"一部分学生，至今犹误认《新蜀报》为马"，他们不同意萧楚女任团中央特派员，建议团中央若派萧楚女到川，"可就治平及女师校，或他校教员可也"。9月1日，团中央作出决定，解散成、泸、渝三地青年团组织，委任萧楚女为团中央驻川特派员，给以调阅文件、教育同志、整顿组织的全权。萧楚女知道四川一些违纪的团员不欢迎他来，而且身体有病，不愿意担任团中央驻川特派员。9月18日致函"宗菊"（团中央），说："奉大札，知兄欲委弟任成、泸、渝三地义务学校全权办学（是指青年团）之事，弟因成、渝两地远隔数百里或千里，彼处情形及办学人员一概不识，目下又因川战初平，道途多匪，自己又无川资，不能前往调查，请兄收回成命，弟决不敢妄任致误。""渝地事尚请再事审慎。盖唐君（是指唐伯焜）办小学（指青年团）颇有此校必我终身任事之势。观其最近表示，对弟已有必加害之意，大概吾等若一表示收回学校管理之权，彼必从根本谋倒学校。校中生徒多数为生活关系与彼共生死，一旦有所陷害，牺牲弟个人名誉及地位事小，牺牲社会文化机关事大（是指青年团）。"弟此次在渝遭人排击，百分之五十即由彼以老朋友资格散布谣言所致。"萧楚女又说：自己"日来病魔缠身，饮食步履均艰难"，信末写"弟倚枕上言，十八日"。唐伯焜结党营

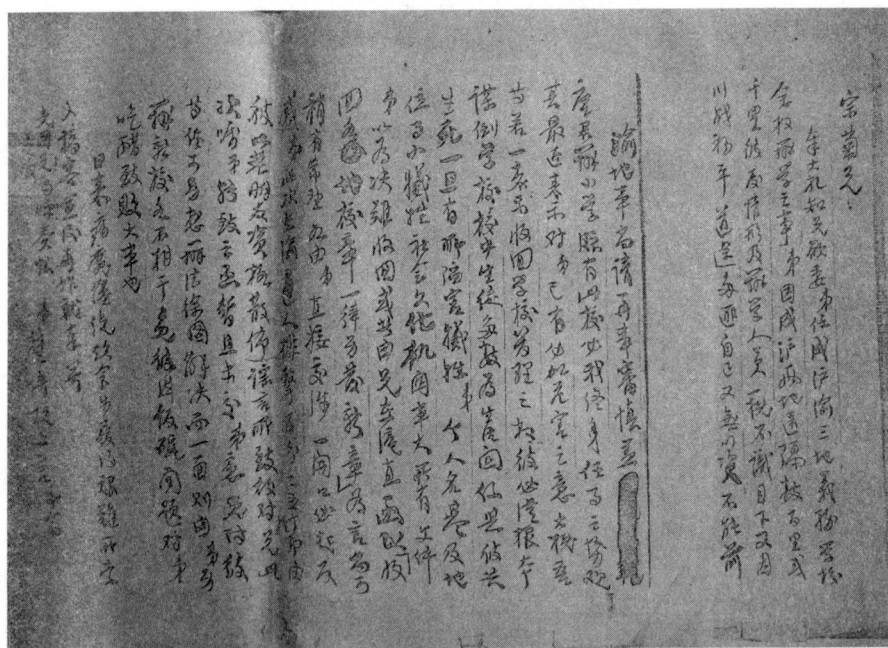

△ 萧楚女致"宗菊"函手迹

私活动，在重庆团员杨闇公的《杨闇公日记》中，亦记述了唐伯焜诬说萧楚女"争权"、"奸谋"、"排斥异己"等词语。团中央研究了萧楚女信中反映的事，更坚定派萧楚女为团中央驻川特派员，到重庆处理四川的团组织问题。

萧楚女服从组织的决定，赴任后，分析了重庆团组织的情况，决定利用《新蜀报》和重庆女二师为公开职业，一面宣传党的革命主张，一面做改组成、泸、渝三地团组织工作。他在《新蜀报》附近租赁了一间房子居住，经常在这里开会或接待来客。萧楚女处理团组织的问题，既有高度原则性，又有灵活的斗争策略，对唐伯焜等小组织人员的错误严厉批评，视错误程度分别处理，对一般团员，进行耐心教育，又选拔思想品质好的团员杨闇公等担任干部。9月下旬，重庆团地委改组，由罗世文任书记，后童庸生继任书记，杨闇公任组织委员，罗世文改任学委。在革命运动中，培养积极分子，组织群众运动的核心，萧楚女与童庸生等发起组织了"学行励进会"和以研究社会科学为宗旨的"四川平民学社"。参加学社的有工厂、商店、学校的男女青年三百多人，其中以川东师范、重庆女二师两校最多。学社开办了三所平民学校和出版了《爝光》杂志。萧楚女常为《爝光》撰文，指导青年运动。这两个组织常在张家公园、孔子文庙等地举行讲演会、读书会，萧楚女的工作很忙，仍抽出时间前往演讲，许多听众被感动得流泪，有的工人听了京汉铁路二七大罢工中林祥谦壮烈牺牲的事迹，表示要走林祥谦的革命道路。在群众运动中，涌现出大批积极分子，萧楚女及时吸收了其中符合条件的人参加青年团或共产党。

→ "德阳丸"事件的抗争

★★★★★

（33岁）

重庆受军阀混战影响，政府更迭频繁，造成了物价暴涨，金融紊乱，社会动荡。驻川各军阀为了自己的利益，铸造银币在自己的防区内使用。许多奸商乘机铸造了掺杂质的银币，投放市场以牟取暴利。重庆当局为了维护自己的利益，曾明令取缔劣币，规定凡偷运劣币入重庆者，严厉惩处。但奸商往往借助外国势力，利用外轮偷运劣币。1924年11月间，日轮"德阳丸"无视重庆当局的禁令，包庇奸商偷运劣币到重庆。重庆军警督察处接到情报，派谍查员上船检查，船主拒绝检查，中国谍查员抗议并依法搜查，搜出劣币小洋两大箱和两袋。船主否认是劣币，狡赖不过，又指使船员将谍查员四人推入江中，并打伤警员。军警督察处闻讯，立即派兵将船主石川熊藏、大副北神林造等人和劣币押回督祭处。驻重庆日领事向重庆当局抗议，诬指谍查员上船检查是侵害日本主权，又说未通知日领署而擅行捕人，有违国际公法，要求重庆当局"处办肇事之兵，退还毫银，并保证此后不再有此事发生"。重庆当局非常害怕，竟然认为日领事"要求各节，尚非无理"，将船主及大副"妥送回轮，所拿毫洋，予以发还"。重庆当局奴颜婢膝的外交行为，激起了广大群众的义愤，萧楚女、杨闇公等人研究了形势，决定领导群众进行斗争。《新蜀报》编辑部举行紧急会议，研究对"德阳丸"事件的对策，一致认为这案件关系着国家的主权和民族尊严，决定由萧楚女撰写专论，揭露"德阳丸"事件真相。当晚，萧楚女把满腔民族仇恨凝聚在笔端，洋洋千言，一挥而就。次日，在《新蜀报》发表，立即引起各界群众强烈抗议，重庆当局亦感事态严重。接着，在中国共产党重庆地委领导下，重庆各界群众组织了"重庆外交后援会"，开展反对日本侵略者和重庆当局投降外交的斗争。12月6日，重庆各团体代表集会，一致决议，要求重庆当局于48小时内，撤销丧权辱国、渎职媚外的渝海关监督江岳生职务，另委社会贤达担任，以严正态度与日领事交涉，向日领事提出惩凶赔偿等六项要求。与会代表声言不达目的，决不休止。

重庆当局恐怕事态扩大，由军警督察处召集各团体代表开会。会上，军警督察处以被推下水的谍查员没有被淹死为由，企图把此事平息下去。萧楚女代表《新蜀报》参加会议，提出两项主张：一、对于肇事的日人及奸商，以及媚外的渝海关监督，要严惩不贷；二、进一步调查核实被推下水的谍查员是否被淹死，再论赔偿问题。会议主持人看到群情激昂，感到众怒难犯，只好匆匆收场。

由于重庆当局和日领事馆拖延解决"德阳丸"事件，重庆共产党地委发动更大规模的反帝群众运动。12月13日，江北、巴县、重庆等地各界64个群众团体共数千人。在重庆打枪坝广场举行声势浩大的示威抗议集会。萧楚女赴会演说，一些坏分子捣乱会场，企图借此转移群众视线。但是，萧楚女没有上当，继续演说。群众识破了坏分子的面目，将他们赶出会场。萧楚女在会上慷慨陈词，愤怒地揭露帝国主义和军阀的罪恶，受到群众拥护。会后，各界群众举行示威游行，向四川省政府请愿。迫使省长邓锡侯派代表接见群众代表，接受群众的要求。结果，媚外的海关监督受到了惩处，驻重庆日领被调回国，不敢再要求重庆政府赔偿道歉。"德阳丸"事件以群众的胜利而结束。

→ 出川前的斗争

曾琦，四川隆昌人，是国家主义派的领导人，特别重视在四川传播国家主义，在上海出版宣传国家主义刊物《醒狮》。每期《醒狮》必邮寄十本给重庆女二师的彭举，要他在师生中散发宣传。重庆女二师的学生对国家主义不了解，思想比较混乱，希望萧楚女指导。萧楚女与游曦等学生谈话，帮助她们分析国家主义的本质与危害，勉励她们团结同学，不要被国家主义派欺骗。游曦深受教育，这成为她的政治思想启蒙，后来，她投考黄埔军校武汉分校学习，编入女生大队，1927年曾参加武汉讨伐军的西征和中国共产党领导的广州起义，在广州壮烈牺牲。

重庆联合中学校长舒唐元，邀请国家主义派分子刘蔚芋到该校讲授公民课。刘蔚芋是不学无术的政客，自恃有军阀撑腰，在报纸上发表许多宣传国家主义的文章，攻击《新蜀报》，谩骂萧楚女。他在重庆联合中学讲课时，大肆散播国家主义观点，污蔑马克思主义，攻击中国共产党。许多学生鄙视刘蔚芋的言行，将他在课堂上的胡言乱语记录下来，投寄到《新蜀报》社，请萧楚女解答。萧楚女收到联合中学学生来信，特将来信和他答复的长篇文章，发表于《新蜀报》上。这篇文章观点鲜明，逻辑性强，令人信服，影响广泛。巴县中学、江北中学、治平中学、巴县国民师范等校的进步学生先后到联合中学联络，经过深入酝酿，结成了反对国家主义派联盟，开展了批判国家主义的斗争。刘蔚芋在群众中声名狼藉，被迫离开了联合中学。重庆各校纷纷举行国家主义问题讨论会，在一次讨论上，一名国家主义者大放厥词，污蔑马克思主义是舶来品，不合中国国情，胡说只有国家主义才是爱国的。萧楚女在这次讨论会上给予驳斥。那个国家主义者被驳得哑口无言，狼狈退出会场。

　　萧楚女为批判《醒狮》上宣传的国家主义谬论，肃清其影响，特编辑了一本名为《肃清》刊物。该刊篇幅不多，但内容丰富多彩，对青年很有启发。一些曾受国家主义影响的青年，退出了国家主义组织，转而参加青年团，走上了革命道路。

在全国革命运动高涨的形势下，促使北方的军阀分化，冯玉祥倒戈，段祺瑞任"临时总执政"。段祺瑞为了取得合法统治，电邀孙中山北上商谈国是。孙中山在中国国民党和中国共产党支持下北上。广州国民党中央党部派川籍的国民党元老朱叔痴回川，负责筹备选举四川出席国民会议促成会的代表。他回川后被国民党右派和官僚所包围，难以开展工作。萧楚女、杨闇公等人及时给朱叔痴以支持，团结国民党左派，使选举四川的国民会议代表工作不为右派所左右。

1925 年 2 月 4 日，重庆国民会议促成会召开干事会，邀萧楚女演说。他指出段祺瑞政府提出的善后会议，是对抗国民会议的骗局，他要求国民党左派"发出宣言，表明态度，以释群疑"。萧楚女又动员'四川平民社学'深入群众，促进四川国民会议运动发展。选出了童庸生、邹进贤等 13 名代表，在欢送代表大会上，萧楚女致词，把赴京参加会议比喻为上战场，勉励代表不怕艰险，要敢于与军阀作斗争。

出席北京国民会议的孙中山病重，国民党右派企图夺权，四川的国民党亦迅速分化，右派分子勾结重庆卫戍司令，策划迫害萧楚女。王陵基派陈学池进入《新蜀报》，企图夺取《新蜀报》主笔的职务，因遭社内大部职员反对，才挂上一个总审核的空头衔。陈学池对总编辑周钦岳说，王司令认为萧楚女的文章煽动风潮，已下令逮捕萧楚女。周钦岳为争取时间安排萧楚女安全离蜀，对陈学池说："若王陵基逮捕萧楚女，一定会激起学生风潮和社会公愤。现在暑期已近，不如由女二师在下学期解聘。至于萧楚女在《新蜀报》任职事，他早已要求离开《新蜀报》了，望转告王司令三思之。"

事后，周钦岳立即将此事告诉萧楚女，他听后一笑置之。中共重庆地委分析了重庆形势，为了萧楚女的安全，请萧楚女在杨闇公家暂住，然后安排出川。杨闇公在3月13日的日记中写道："楚女将离《蜀报》了，生活问题，随之而至，我拟约他来寓暂住，再设他法。"4月间，萧楚女将青年团工作移交给杨闇公，然后出川。在他离川后，许多学生、工人气愤地说:《新蜀报》没有萧楚女的文章，我们不订阅了，以此表示对王陵基的抗议。

理论战线的勇士

(1925-1926)

→ 投身五卅运动

★★★★★

（34 岁）

1925 年 2 月初，日商在上海开设的内外棉第八厂开除了一批成年工人，改用未成年的幼童，所谓"养成工"来生产。激起工人抗议，派代表要求允许被开除工人复工。遭到厂方勾结的军警拘捕，因而激起全厂工人愤怒，举行罢工。4 月中旬，上海、青岛的日商"内外棉株式会社"属下的十多个纱厂的工人，举行同情大罢工。5 月中旬，上海日商关闭内外棉第七厂，勾结军阀枪杀了工人代表顾正红。5 月 30 日，上海学生举行支持工人斗争的示威游行，遭到帝国主义和军阀的血腥镇压。于是，各地群众纷纷集会抗议，发通电声讨帝国主义的罪行，支援上海群众的斗争。在中国共产党领导下，广大群众进行的反帝斗争，形成声势浩大的五卅运动。

萧楚女在"五卅"前夕到达上海，住在南通里4号，协助编辑《中国青年》，同时兼任上海大学的讲师。他因疾病缠身，面容憔悴，但为了推动五卅运动仍多方奔走呼号，伏案挥毫，虽是汗流浃背，仍然不肯稍停，撰写许多文章揭露帝国主义侵略的罪恶。他为革命奋不顾身的精神受到恽代英的称赞，说"楚女在反对帝国主义五卅运动中，极为奔忙、辛苦"。为了楚女的健康，恽代英劝他休息，他不休息。恽代英又请萧楚女的好友卢子英劝他注意劳逸适宜，保重身体。但是，萧楚女坚持工作，为了发动青年投身五卅运动，接受上海学生联合会的邀请，在青年夏令营作了题为"不平等条约下之中国关税"报告。有一天，在某校大操场的群众集会上，萧楚女为了解民情，以工人打扮，一身粗布衣，戴旧草帽，手拿蒲扇参加。当队伍出发游行时，秩序有点乱。萧楚女站在大门口的高凳上，高喊着维持秩序。南京在军阀吴佩孚的统治下，五卅反帝运动阻力很大。为打开局面，党组织决定派萧楚女以全国学联代表名义前往南京，指导南京学生运动。6月间，他到南京，暂住在北极阁下边居安里6号陈居起家。此处成为共产党以及由青年团改名的共青团开会地方，在这里研究运动的形势。不少群众团体的负责人与学生代表，亦到此与萧楚女研究问题。南京共青团负责人华少锋、吴芳、严绍彭，以及国民党市党部陈君起等更是这里的常客。萧楚女为了扩大宣传五卅运动，提高群众对五卅运动的认识，接受陈君起的邀请，担任《人权日报》主笔，以该报为宣传阵地。后来，他为了方便团结国民党人士，又在江苏省国民党宣传部兼职。萧楚女的工作作风非常踏实，经常深入铁路工会、黄包车工会和东南大学等团体进行演讲。

东南大学是国家主义派把持的一所学校，学生的爱国行动受到阻挠。萧楚女为了改变东南大学的沉闷局面，发动学生参加辩论罢课问题。在辩论会上，拥护罢课与反对罢课两种意见争持不下。萧楚女在辩论会上发言，阐述了五卅运动的性质与意义，激发了学生的爱国热忱，因而一致响应全国学联的号召，作出了罢课的决定。

为动员群众组成反对帝国主义的统一战线,萧楚女于7月25日在《人权日报》发表《阶级斗争与我们底基本工作》。8月，他又在《中国青年》发表《反抗五卅惨案运动中所见的阶级斗争》等文章，报道了南京大学的一个校役和国民小学的一个学生，为抗议英帝国主义屠杀中国人民和军阀政府的屈辱外交，先后当众自焚的情况，揭露了帝国主义、军阀政府和买办阶级的罪恶。号召"农民、工人、小商人、店员、学生，结成一条国民革命的坚固的联合战线"。进而"联合世界被压迫阶级和一切弱小民族，组成一条世界革命坚固的联合战线"。在萧楚女等人的积极推动下，南京各界群众组织了"抵制仇货会"、"反帝大同盟"、"南京国民外交后援会"等群众团体。

南京国民外交后援会曾开会讨论如何营救被捕学生，有人主张上书五省联军总司令孙传芳，敦促他迅速释放被捕学生。也有人认为向反动政府请求是无济于事的。在与会人员犹豫不决之际，萧楚女及时赶到会场，听了各方意见后，指出上书请愿是可以的，但要有声势浩大的群众运动作后盾，要造成广泛的社会舆论，才能迫使孙传芳答应条件，释放被捕的学生。否则，上书是无济于事的。大家接受萧楚女的意见，按照他的办法进行斗争，终于使被捕的学生获释。

在群众运动中，涌现出了许多积极分子。萧楚女帮助他们提高觉悟，并且及时吸收一些符合条件的人参加共青团和共产党。在居安里6号曾举行过入团、入党仪式，萧楚女亲自监誓，勉励他们要为共产主义事业奋斗到底。这些新团员、新党员在团结群众、促进革命运动方面起了一定作用。

南京的反帝群众运动迅速开展起来后，党组织又调萧楚女回上海工作。后来有人写了一篇《五卅纪念中忆萧楚女》指出："N城的五卅运动中萧君可纪念的工作有三件：人权日报的言论，在 E 校的讲演，对于同志的督促。有一次，同志开会，那时正是风潮紧急的时候，E 校的学生会又是 N 城民众团体的主角，所以我为事务所绊没有到。事后即接到一个严重的警告"，"说这样玩忽，是欺骗团体，欺骗自己，我感到纪律的森严，这算是第一次！实在的，那时活动的同志如没有萧君的督促，定得不到已经得到的结果"。

→ ## 批判国家主义派

★★★★★

（34 岁）

上海是国家主义派的大本营，其领导人有曾琦、李璜、左舜生等，组织有"醒狮社"和"孤军社"，出版了《醒狮》、《孤军》等杂志，发表蛊惑人心的文章，故称之为醒狮派。他们提出所谓"外抗强权，内除国

△ 萧楚女著的《显微镜下之醒狮派》

贼"的口号来欺骗群众、破坏国民革命运动。所谓"外抗强权"，不是反对帝国主义，而是反对社会主义俄国；所谓"内除国贼"，不是反对军阀，而是反对中国共产党。他们还鼓吹要组织"应具有意大利棒喝团的威力，有合众国三K党的精神"的国家主义大党，叫嚷"一刀两断武力铲除共产党人"。他们是帝国主义和封建军阀的御用文人。

中国共产党为了揭穿国家主义派的反动面目，扫清革命的障碍，宣传马克思主义，教育广大群众，同国家主义派进行了坚决斗争。萧楚女站在这场斗争的前列。他在上海大学演讲《中山主义与国家主义》、《我所审定的"东方文化"价值》等问题，驳斥国家主义派对孙中山革命思想的歪曲，指出国家主义派胡说什么"国家主义与孙先生主义相同"，其目的是拉拢国民党右派，组织"联合反革命的战线"来攻击共产党。他还指出："国家主义是代表中国资产阶级、阻挠世界革命"的法西斯主义。

与此同时，萧楚女还在《中国青年》、《评论之评论》等刊物上，发表了《这是何等赖皮》、《国家主义的原形》、《国家主义长足发展》、《国家主义和东方文化派的新同志》、《好一个"更是国家主义"》等一系列文章，给醒狮派以迎头痛击。萧楚女在一系列著作和讲演中，对国家主义派作了全面的深刻的剖析，指出醒狮派有两大错误：一、醒狮派"内除国贼，外抗强权"的口号是反动的，是以全民革命为幌子，却不主张打倒军阀。而中国共产党才真正是"主张联合全国各阶级的实力，及全世界被压迫的民众——殖民地的弱小民族，和帝国主义国家的无产阶级，对内打倒军阀，对外推翻帝国主义。这样的联合战线，增加我们反抗的力量，才是帝国主义与军阀的致命伤。若是很笼统喊着'内除国贼，外抗强权'的口号，仇视国内工人、农人的阶级斗争，拒绝国外的革命势力"。结果，只有利于帝国主义和封建军阀，完全是骗人的鬼话。二、醒狮派关于国家问题的理论，是抽掉阶级斗争内容的。国家是阶级统治的工具，世界上没有什么抽象的国家。萧楚女指出："阶级一日存在，阶级斗争便一日不会消灭，国家也便一日不得不被有力阶级——得胜阶级用为工具。有产阶级专政，是用国家这个东西保持自己的地位，役使他人——

使阶级继续存在。无产阶级专政，是使生产社会化，废除私有财产，将一切生产工具归之社会公有——使阶级消灭。"而国家主义者却有意掩盖了"阶级"和"国家"是两个绝对矛盾，而又是共存亡这一实质。1925年10月，中国青年社出版了萧楚女著的《显微镜下之醒狮派》一书。编辑部特加了一个很高评价的按语："这是萧楚女君所给予醒狮周报第一期至第五十期的总批评，分二十七节，均用种种事实，或即就醒狮周报自己的材料，以说明醒狮派的谬妄，文笔简明有力。读者大可就国家主义者与共产党双方主张比较观之，那便醒狮派之丑态与野心，自无施逞的地方了。"这本书出版后，影响遍及全国。

萧楚女在撰写文章与国家主义派论战的同时，还经常深入学生群众中进行宣传教育工作。上海徐家汇的一所中学为了让学生了解马克思主义与国家主义的区别，曾邀请萧楚女、曾琦同时到该校演讲。曾琦先登台演说，肆无忌惮地污蔑共产党，结果引起学生们的不满，将他哄下了台。接着，萧楚女在热烈掌声中登台演说。他旗帜鲜明地表示：我并不畏惧用心奸险的"醒狮派"说我是共产党员，因为我早在四川期间已公开宣布我是个信仰共产主义的人。你们一方面大骂共产党，要用武力一刀两断铲除共产党；另一方面又为帝国主义和军阀涂脂抹粉，实质上是军阀、买办资产阶级、封建士绅的轿夫和卫士……萧楚女的讲演慷慨激昂，入木三分，使得曾琦如坐针毡，十分尴尬，只好灰溜溜地退出会场。

在与国家主义派的论战中，恽代英与萧楚女相互支持，紧密配合。当左舜生将萧楚女在重庆发表的文章进行歪曲宣传时，恽代英立即挺身而出，在《中国青年》上发表《答醒狮周报三十二期的质难》一文，指出萧楚女关于民族解放运动的主张，决不是提倡"国家主义"的。

通过论战，国家主义派的丑恶嘴脸日益暴露。许多受国家主义派欺骗的群众觉醒了，纷纷要求退出"醒狮社"和"孤军社"。有的声明不再信仰国家主义，要求参加革命的组织。当时，有一个叫伏之的青年，从南京写信给萧楚女，说自己在南京听过曾琦讲演《国家主义与全民革命》及李璜讲演《国家主义与世界大势》等问题，深感他们宣传的国家主义观点是错误的，自己决心不跟国家主义派走了，因此要求萧楚女和恽代英介绍他参加国民党。萧楚女给伏之作了公开答复，肯定他"对于醒狮派的观察和批评，甚为深刻"，并对伏之的要求，表示"诚恳地欢迎"。后来，一个国家主义组织"中国少年自强会"发表了解散宣言，声明"愿放弃国家主义，与进步的革命青年合作"。

→ 与戴季陶斗争

★★★★★
（34岁）

戴季陶，名良弼，字选堂，又名传贤，1924年1月，当选为中国国民党第一届中央执行委员、常务委员和宣传部部长，曾任黄埔军校政治部主任。自命为国民党的理论家，标榜拥护孙中山。1925年3月孙中山病逝后，他却曲解孙中山的三民主义与国共合作的政策。他利用国民党上海市特别区党部作为阵地，策划与散播反革命舆论，成为大买办资产阶级的代言人，与其他右派一起篡夺国民党左派的领导权，以达到他们破坏国共两党合作的目的。戴季陶于6、7月间，先后发表了《孙文主义的哲学基础》、《国民革命与中国国民党》

等文章，其主要观点可归纳为：（一）对共产党进行恶毒攻击，污蔑共产党"争得一个唯物史观，打破了一个国民革命"；（二）反对马克思主义的阶级斗争学说。认为只需要以仁爱之心去感动资本家，使资本家尊重工农群众的利益便可以了，无需阶级斗争。他说孙中山的三民主义的哲学基础，是"继承尧舜以至孔孟而中绝的仁义道德的思想"，鼓吹所谓"纯正的三民主义"作为国民党的中心思想；（三）反对国共两党合作。戴季陶说团体是有"排拒性"的，"共信不立，互相不生；互相不生，团结不固"，他叫嚷要将共产党人排挤出国民党。戴季陶反对革命理论是处心积虑、自成系统的，人们称之为戴季陶主义。戴季陶的思想成为国民党右派的理论基础，对革命统一战线起了很大的破坏作用，与国家主义同是一丘之貉。

因此，萧楚女在与国家主义派论战的同时，对戴季陶主义展开了尖锐的批判。8月10日，萧楚女在汉口发表了《国民革命与中国共产党》一文。9月1日，萧楚女又在河南洛阳发表了《戴季陶拥护探索弱小民族的国际资本帝国主义》，进一步批揭了戴季陶主义的反动本质，扫除其影响，扩大了与戴季陶主义斗争的战果。后来，萧楚女以"抽玉"的笔名，将上述两篇文章辑成《国民革命与中国共产党》一书出版，以马克思列宁主义观点，深刻剖析了戴季陶著的《国民革命与中国国民党》的反动理论。他指出：一、阶级斗争是历史发展必然的结果。"戴先生若不是像醒狮派曾琦那样糊涂的

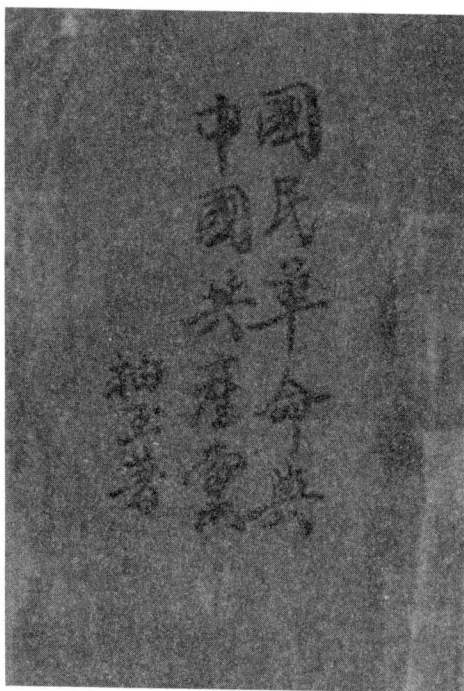

△ 抽玉（楚女）著《国民革命与中国共产党》

人，当然晓得'共产主义'是资本主义自然发展的结果，而阶级斗争是历史进化必然的事实"。二、推动中国革命运动的动力是阶级斗争，而不是什么"仁"。戴季陶硬"把一个死了不能自白的唯物的孙文主义，活捉了来硬栽在一个金克木、水克火式的东方的什么'仁'的基础之上了"，完全歪曲了孙中山的革命思想。他进一步指出，戴季陶既然要宣扬"仁"学，就不必坐在上海环龙路国民党上海执行部内，"貌袭唯物的政法知识枉谈革命，且去上庐山白鹿洞学朱晦庵消暑讲道"。三、萧楚女在著作中主张加强国共合作，反对分裂革命的统一战线。指出中国共产党加入国民党后，积极做打倒帝国主义和封建军阀、扩大国民革命的工作。共产党并没有借国民党名义来推行共产主义，"试想在两个友军相往时，能够说只许CP(共产党)加入国民党，不许国民党加入CP么？"在国民党内应该大力"肃清右派，至于CP、CY(共青团)它本不是'寄生'，你何不必忧它作蛀虫！"他阐明了共产党人的革命主张，帮助了国民党中有糊涂观点的人进一步认识了戴季陶的反动面目。青年们得到《国民革命与中国共产党》一书，如获至宝，爱不释手。

戴季陶在萧楚女等共产党人的批判揭露下，声名狼藉，理屈词穷，诡称"决意不再过问政治"。但是，中国共产党总书记陈独秀思想右倾，对萧楚女与戴季陶的斗争，不但没有支持，而且大泼冷水。他以党中央名义，在12月20日出版的第139期《向导》发表《申明》："兹查有萧抽玉著之《国民革命与中国共产党》一书，按其内容纯系萧之个人意见，所有言论，本党概不负责。"萧楚女鄙视陈独秀的错误，顶住来自共产党领导人的压力，继续批判戴季陶主义。他在《中国青年》接连发表了《帝国主义与人口问题》、《介绍正统派与戴季陶看看》等文章，指出："在戴先生底本意，是为要反对共产党，所以就找出一个'共产党主张抛弃国界，主张阶级斗争，实在不适于现在中国'的这个理论为武器"，戴季陶的逻辑极其荒谬。

与此同时，瞿秋白、毛泽东、恽代英等都相继发表文章驳斥戴季陶主义。这场斗争打击了国民党右派，争取了国民党左派。后来，戴季陶在湖州与邓演达谈话，说自己发表的文章，被国民党"西山会议"派利用了，以掩饰其反动面目。在1926年1月举行的国民党第二次全国代表大会上，许多代表批判了戴季陶，指出："戴季陶拟由大会训令捉其猛省不可再误"，"以个人名义发布《国民革命与中国国民党》一书，惹起党内纠纷"，"现在戴既然忏悔……但他那本书却非销毁不可"。批判戴季陶主义的斗争取得了重大胜利。

→ 在中共豫陕区委工作

★★★★★

（34-35岁）

河南地处中原，是全国交通的重要枢纽。1924年，冯玉祥在北京倒戈后，其率领的国民军退守河南，国民军第二军总司令胡景翼任河南督办。冯玉祥赞成孙中山的三民主义和"联俄、联共和扶助农工"的三大政策，还聘请苏联人在军队中任顾问。其属下的学生军官团中，有不少青年团员和共产党员。

河南省会开封又是各派政治力量的角逐场所。一方面西山会议派和国家主义派在知识界中蒙蔽了一些群众，反对国民革命和工农群众运动。另一方面，中国共产党对河南地区也非常重视，在中州大学、开封一师等单位建立了党团组织，领导群众进行反对帝国主义、反对封建军阀的斗争。

1925 年 4、5 月间，李大钊曾到开封了解情况和指导工作。党中央根据李大钊等人的报告，研究了河南的情况，并决定成立中共豫陕区委，负责管理河南、陕西两省共产党和共青团工作，派王若飞任豫陕区委书记。8 月间，党中央派萧楚女到开封，协助王若飞工作。萧楚女到河南后，接替彭泽湘，任中共豫陕区委宣传部部长，后又兼共青团豫陕区委宣传部工作，主编中共豫陕区委机关刊物《中州评论》。在党外则任河南省立第一师范教员，讲授国文课。

萧楚女在开封工作期间，曾到国民军和各学校讲演，并曾出席开封各界群众在大校场举行的"五卅"烈士追悼大会，发表扣人心弦的演说。《向导》、《中国青年》的样本从上海寄到开封后，萧楚女多方设法解决纸张和印刷的困难，将这两种刊物翻印发行，扩大其影响，广泛宣传党的主张。当时，河南学生运动十分松散，萧楚女全力抓学运，指导开封各校将原有的"青年学社"、"青年救国团"等进步组织联合起来，成立了"河南青年协社"。

学生运动的发展，使得开封各学校当局十分害怕。他们为限制学生参加政治斗争，故意要因参加五卅运动而耽误了一点功课的学生补考，借口以学习成绩差为由，将一些进步学生开除或降级。萧楚女在河南省立一师发表演说时，指出这一措施的真正目的是为帝国主义灭亡中国效劳，是要将学生变成奴才。他还发动各校学生组织"开封各校反对补考行动委员会"，开展反对补考的斗争。9月间，萧楚女发表了《因"严格教育"及"补考"告开封教育界》一文，进一步揭露各校当局在国家主义者和军阀的唆使下，以"严格教育"为幌子，用"考试"、"补考"、增加课时等办法禁锢学生，使学生无暇顾及国家大事。文章指出："这次补考中其被淘汰的，并不是些低能者，而只是些因为最近数月奔走沪案以致功课稍有荒误的好学生！那么，贵学校、贵教职员，就不但是宣告了自己底教育破产，并且同时还宣告，先生们底人格卑污，宣告了先生们是些反爱国而只顾私利和为帝国主义者作伥的国贼了。""开封各校反对补考行动委员会"在萧楚女的支持下，发表了反对补考宣言。各学校校长互相勾结起来，以全体辞职来威胁。萧楚女支持学生的斗争，讽刺这些校长"结成了一个'饭碗同盟'"。在中共豫陕区委的坚强领导下，充分发动群众，并争取了社会上的广泛同情，终于使学生取得了反补考斗争的胜利。

萧楚女工作十分忙碌，在日间，经常到河南省立第一师范讲课，或到工农群众团体演讲；

晚上则伏案编辑《中州评论》。他根据中共豫陕区委送来的各地情况和河南书店朱尚忠送来的各地报纸、杂志，进行整理分析，写成文章，第二天清早，便送到印刷厂排版。由于他写文章运笔如神，并能抓住问题本质进行评论，深受读者的欢迎和同事的爱戴，被同事誉称为"作文章的机器"。他曾在《中州评论》上刊登了一篇关于出版《国民革命与中国共产党》的预告，鲜明地指出出版这本书，是"为批判戴季陶先生所著《国民革命与中国国民党》的"。《中州评论》在萧楚女锐意经营下，影响很广，成为中共豫陕区委发动群众进行反帝反封建斗争、宣传马克思主义的重要阵地。

不久，河南督办胡景翼去世，反动的岳维峻上台。他任用了一批反动军官把持河南军政大权，使开封的形势发生逆转。开封警备司令、北洋军阀李纪才看到报纸登载抨击自己的文章，作者多署名"楚女"，原以为区区一个女子，竟敢写文章骂自己，极为恼火，于是派人把萧楚女找来面谈，企图用胁迫手段逼使她停止写文章。当萧楚女步入李纪才客厅时，李看到他是一位十分威严的男子汉时，不禁大吃一惊，立即勒令他出境。

萧楚女从河南返回上海途中，曾在苏州逗留。他在三元坊江苏省立第一师范作了题为《青年与政治》的演讲，阐述了帝国主义侵略中国的历史和争取关税自主的重要性。东吴工业专科学校等校学生也赶到一师听讲，受到不少启发与教育。他还协助建立国民党苏州市党部。该党部在平林中学举行成立大会时，他出席大会并发表演说。

同年11月中旬，萧楚女回到上海，很关心革命统一战线工作。他收到襄阳燕文新的来信，立即回信，表扬他和福升两人努力于国民党工作，并希望他们"赶紧多发展些区分部出来，好在明年春天，成立县党部"。为此，要求他们与陈潭秋或董必武联系，"可声明由我介绍"。鉴于燕文新和福升要求入工读学校，建议他们于11月底前赶到上海，投考黄埔军校，要不惜为国捐躯。11月23日，右派分子谢持、张继、邹鲁等在北京西山召开所谓"国民党一届四中全会"，通过了"取消共产党员在国民党中之党籍"、"取消政治委员会"等反动决议。他们还控制了《上海民国日报》，发表大量反动文章并通电攻击共产党，反对国共合作。萧楚女对西山会议派的罪恶行为十分气愤，于12月12日发表《上海民国日报的真面目》一文，揭露了西山会议派和《上海民国日报》编辑部的反动面目，指出："什么西山会议！抉吾眸子悬之永定门上，作一断然之'预言'——告诉不知世故的那般拥护西山会议的青年！林森、邹鲁、谢持、石青阳、许崇智、戴季陶……这般政客、军阀"。绝不是"一种'革命之势力'。"他的文章，对帮助青年们认清西山会议的真面目，起了一定的作用。

1926 年 1 月 1 日，江苏省吴江县国民党第四次代表大会在平望八幡园召开。萧楚女以江苏省国民党省党部代表名义出席，在吴江县期

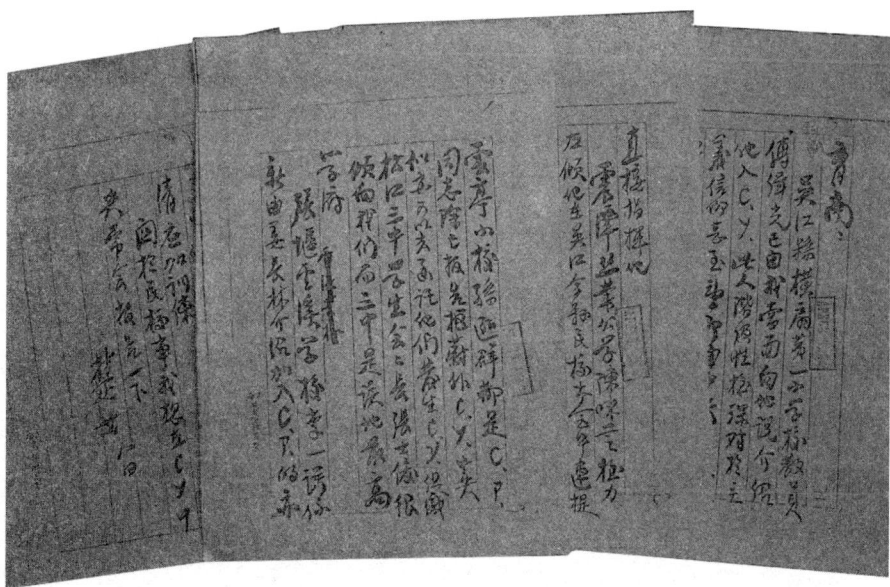

▽ 萧楚女给林育南的信

间，他发现不少国民党左派分子，并与他们进行联系。大会结束后，萧楚女返上海途经松江、江阴等地，深入了解松江、江阴的共产党、共青团组织情况。1月18日，萧楚女致函团中央负责人林育南，介绍了吴江县国民党代表大会以及松江景贤女中、江阴云亭小学、张堰云溪学校的党、团组织情况，并提出吸收符合条件的积极分子，发展党、团组织的建议，指出："雷震丝业公学陈味芝，极力'左'倾，他在吴江县民校（指国民党）大会中连提五案（如清党、反帝、训练及纪律、反基等）直如我们的同志一样。他认识秋人，请即去信秋人，叫他和他通讯。"萧楚女对国民党组织有了较多了解，详情"想在CY中央常会报告一下"。

为捍卫革命统一战线献身

(1926—1927)

→ 在国民党中央宣传部

1926 年 1 月间，萧楚女前往广州，此时，国民党第二次全国代表大会在广州大东路 30 号国民党中央党部举行，这次大会通过了接受总理遗嘱的决议，继续贯彻孙中山生前的革命主张，坚持联俄、联共、扶助农工三大革命政策。对另立国民党的西山会议派的参加者以纪律制裁。萧楚女知道大会许多代表批判戴季陶，并主张销毁戴季陶的《国民革命与中国国民党》，十分高兴。但有代表主张原谅戴季陶的错误，萧楚女感到斗争没有终结，仍要提高警惕性。国民党"二大"在陈独秀的右倾错误影响下，仍选出不少伪装革命的右派分子为中央委员，是国民党右派日后篡夺国民党的领导权和大革命失败的重要原因。

大会后，时人称之为"左"派的汪精卫，仍任国民党中央宣传部部长，继续由毛泽东代理。毛泽东锐意整顿宣传部，汪精卫的内弟陈春圃等人离职后，另请沈雁冰担任宣传部的秘书，萧楚女任宣传部干事兼阅览室主任，李漱清任图书室主任，黄春原任图书室干事，葛季膺任宣传部干事。为了工作方便和节省开支，萧楚女、沈雁冰先后搬到东山庙前西街 38 号，与毛泽东同住一栋普通洋房，楼上是两房一厅，厅里的书架上放着《政治周报》、《向导》、《中国青年》等报刊，有一张桌子和几把椅子，是毛泽东与萧楚女、沈雁冰商议工作或会客的地方。毛泽东与妻儿住在楼上两个小房。萧楚女与沈雁冰住在楼下，他们朝夕相处，共同研究工作。毛泽东因兼职多，不常到中央宣传部办公，很多工作交给萧楚女、沈雁冰去做。他们工作十分紧张，每天清晨向毛泽东请示当天工作后，从庙前西街 38 号寓所走二十多分钟的路程，到大东路国民党中央党部办公。他们中午不回家，一直工作到晚上才回寓所。

在宣传部第一次部务会议上，国民党中宣部部长汪精卫对萧楚女说："萧先生名扬天下，能屈驾在宣传部工作，必能为宣传部增添光彩。"萧楚女冷冷地说："汪先生过奖了。不过，我对于那些口头上拥护孙总理的三大政策，行动上破坏国民革命的挂羊头卖狗肉的人，是不会客气的，汪先生你以为怎样呢？"萧楚女的一席话，使汪精卫非常尴尬。

宣传部出版的《政治周报》，是毛泽东于1925年12月5日创办的，其宗旨是"为了使中华民族得到解放，为了实现人民的统治，为了使人民得到经济的幸福"。是"向反革命派宣传反攻，以打破反革命宣传"。萧楚女到中宣部工作后，积极协助毛泽东编辑《政治周报》，负责组织稿件和排版，经毛泽东审定后，又参加校核和发行工作。《政治周报》的发行量逐步扩大，达四万多份，成为宣传反帝、反军阀和揭露国民党右派、团结"左"派和广大群众的重要思想武器。

萧楚女、沈雁冰等人根据毛泽东的指示，检查了中央宣传部过去所发的文告和指示，凡内容与孙中山的三大革命政策和国民党第二次全国代表大会宣言有抵触的，都予以撤销或重新拟文代替。萧楚女又撰写了国民党第二次全国代表大会宣传提纲初稿，经毛泽东修改后印发各地党部学习。

萧楚女勤恳工作，热情待人，受到同事们的称赞。中央宣传部有的工作人员，在工作过程中遇到困难时，他主动帮助解决。有的人写了文章，请他帮助修改，他从不推却。有一次，吴明等人与毛泽东、萧楚女闲谈时，毛泽东当面称赞萧楚女，说他能写善说，文章富有鼓动性、战斗性。萧楚女连说不敢当、不敢当。

萧楚女是著名理论家，知识渊博，工、青、妇、学等方面的团体，经常邀请他去演讲，他为了使群众了解马克思主义理论和革命政策，乐意接受邀请。1926年春，广东大学专修学院举办一个培训班干部，吸收八百多名机关职员、小学教师、店员参加，于夜间上课。萧楚女和毛泽东、恽代英等十多位知名人士应邀担任该班讲师。萧楚女讲授《十九世纪社会主义思想史》，每周上课两晚。

中山大学在3月12日举行孙中山逝世周年纪念大会，萧楚女应邀出席，并在会上作了题为《民生主义之现在与将来》的讲演，阐述了孙文主义的内容和意义，他说："孙文主义底出发点，它自己说得明白，它是要叫四万万人，都有饭吃……无产阶级便是四万万中没有饭吃的阶级……民生主义的平均地权、节制资本，在实际上就是代表了没有"地权"、没有"资本"的人向着地权资本太'多'的人'斗争'"。"倘若将来的革命政府不能得到占国民中百分之八十的有组织农工阶级的有意识的拥护，那便一定要倒之大吉"。他揭示了阶级斗争是客观存在的，驳斥了西山会议派等国民党右派污蔑共产党制造阶级斗争的谬论，批判他们阉割了孙中山的革命思想，破坏革命统一战线的罪行，号召群众要"抚辛亥已往之覆辙，鉴苏俄当前之良训"，立即行动起来"打倒右派——孙文主义底曲解者、修正者！"

3月间，蒋介石为夺权蠢蠢欲动，广州谣言四起。萧楚女对此十分警觉，及时发表了《纪念总理者应勿忘总理底革命方略》一文，指出国民党右派破坏国共合作，"动辄对于总理的联俄、联合弱小民族、容纳共产党，加以造谣和诽议，实际上协助反革命的势力张目"。号召人民必须拥护孙中山的革命政策，促进国民革命成功。3月20日，蒋介石制造了反革命的中山舰事件，猖狂地向革命力量进攻。中山舰事件发生后，中共广东区委召开扩大会议研究对策。毛泽东、陈延年、周恩来、张太雷等人主张反击蒋介石。但是陈独秀却指示中共广东区委要克制、忍让。毛泽东、萧楚女、杨开慧、葛季膺、贺树等人在毛泽东寓所聚会时，都不满意陈独秀对处理中山舰事件的态度，要警惕右派的进一步夺权行动。3月底，萧楚女在《广州民国日报》上发表一篇纪念黄花岗七十二烈士的论文，痛斥国民党右派破坏孙总理的三大政策，号召群众警惕新军阀篡夺革命领导权。这篇文章刺中了右派的要害，他们因此对萧楚女恨之入骨。

4月间，广东省国民党青年部为培养青年运动干部，在省立第二中学内开办青年训育养成所。养成所的所长以及许多教员都是共产党人。萧楚女被聘为教员，讲授《中国政治经济状况》《青年心理》等课程。该所于7月上旬毕业，萧楚女在毕业典礼上演说，号召学生要为工农利益奋斗。毕业生中的大部分被派到各县指导青年运动，其余派到北伐青年工作团，担任北伐宣传工作。9月间，青年部续办第二届青年训育养成所。萧楚女再次被聘为讲师，讲授《社会主义》课程，为培养青年运动干部作出了贡献。

香港与广州为支援上海五卅运动，于1925年6月举行了省港大罢工。萧楚女到广州时，省港大罢工已进行了半年，中华全国总工会和省港罢工委员会为加强罢工队伍的建设，中华全国总工会教育宣传委员会先后举办了一所劳动学院、十一所工人补习学校、八所罢工工人子弟学校，一所劳动妇女学校。劳动学院于1926年6月间开办，"以研究工人运动，养成工会人才"为宗旨的劳动学院，第一期由邓中夏任院长，招收193名学生。萧楚女被聘为讲师，讲授《中国政治经济状况》问题。萧楚女对农民运动也十分重视，曾应邀参加广东省农民协会执行委员会扩大会议暨中央农民部特派员第二次大会开幕式，作了宣传农民运动问题的讲演。

→ 政治讲习班授课

★ ★ ★ ★ ★

（35岁）

中国国民党为了安置湘军改编为国民革命军第二军后的编余人员，以及为北伐战争培养宣传工作人员，1925年底筹备中国国民党政治讲习班，招收学生的标准："绝不是重文字的工拙，完全看他的思想是否革命，是否预备去民间流血的! 毕业后均派往前线用口舌做开路先锋。"谭延闿、程潜、毛泽东、林伯渠、李富春、鲁涤平、陈嘉佑等七人为政治讲习班理事，国民革命军政治部主任李富春兼班主任。学生四百余人，其中粤籍、湘籍工农运动男女干部四十余人为旁听生，毛泽东的妻子杨开慧，刘少奇的妻子何宝珍都是旁听生。该班名义上是国民党办的，实质是共产党领导。地址设在国民党中央党部内西侧。政治讲习班课程有25个专题,教授及课程有毛泽东《农民运动》,阮啸仙《广东农民运动实际状况》、郭沫若《革命文学》、张庄《军事学》、张太雷《世界政治经济状况》、恽代英《中国政治经济状况》、朱剑《帝国主义侵略中国史》、萧楚女《国际主义与民族问题》和《社会主义》等。1926年2月28日政治讲习班开学,谭延闿、毛泽东、萧楚女等人先后演讲。毛泽东发言,指出:"革命

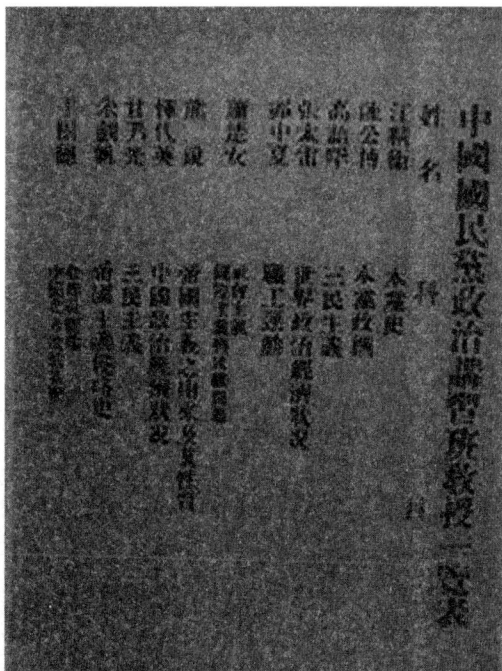

△ 政治讲习班部分教授名录

的团结起来……因为现在是革命的环境，军阀及帝国主义者，把我们四周包围了……我们非团结起来与之奋斗不行！"诸位"来此作革命工作，绝对不是抱升官发财的希望而来的，望诸位忍苦耐劳，大家联合起来，努力国民革命，努力世界革命！"

萧楚女讲授《社会主义》问题时，从国际民族解放运动到中国革命，从原始社会到社会主义社会各个历史阶段的社会形态、经济组织、社会结构等方面，都作了概括的讲述。特别是对资本主义发展到帝国主义阶段，无产阶级的社会主义革命必然到来的规律，作了深入而生动的分析。由于他备课严肃认真，一丝不苟，常常工作至深夜。所以他演讲的内容十分丰富，所举事例的人名、地名、统计数字，都能脱口而出，翔实准确。演讲时常站在讲坛前，用手势帮助学生理解内容。许多学生原是出身于行伍的军人，他们刚到政治讲习班学习时，对理论的重要性认识不足，感到厌倦。但听了萧楚女通俗易懂的讲演后，对学习理论逐渐产生了兴趣。

萧楚女穿着简朴，待人热诚。有时，有的教授因事临时不来讲课，政治讲习班教务处请萧楚女代课，他从不拒绝，努力完成讲习班的委托。学生对萧楚女很尊敬，经常找他解答学习上的疑难问题。萧楚女总是设法挤出时间，回答学生的问题，与学生建立起真挚的感情。他很关心学生的课余学习，曾将自编的《社会主义讲授大纲》发给学生作参考，一再叮嘱学生掌握要点复习，有不明之处要及时提出。他还关怀学生的思想，介绍《向导》、《中国青年》、《少年先锋》等刊物给他们阅读，引导他们关心国民革命运动，关心时局的发展，促使一部分学生转变思想，提高觉悟，有的学生在政治讲习班里参加了共产党或共青团。政治讲习班分为四个队，每队设一个共产党秘密支部。5月，叶挺领导的独立团奉命为北伐先遣队，进军湖南，拉开了北伐战争的序幕。驻湖南的唐生智部奉命改编为国民革命军第八军，该军要求国民政府派遣政治干部去工作。因此，政治讲习班学生提前于6月间结业。在政治讲习班的结业礼上，萧楚女等人发表演说，勉励学生要献身杀贼，为国民革命和人民事业奋斗到底。

→ 农民运动讲习所的一根栋梁

（35 岁）

5 月间，中国国民党二届二中全会通过了蒋介石提出的排挤共产党人的"整理党务案"，规定共产党人不能担任国民党中央部长职务等多项内容。国民党中宣部长由顾孟余担任，毛泽东不再任代理中央宣传部长。他与萧楚女等人离开了中央宣传部。

国民党中央农民部决定续办第六届农民运动讲习所。第一届农讲所是孙中山、廖仲恺接受共产党人的建议，为开展农民运动培养干部，于 1924 年 7 月开办的，由广东农民运动领袖彭湃任主任，孙中山致开学词。农讲所名义上是中国国民党农民运动进习所，从 1924 至 1925 年底，共办了五届，主任分别由彭湃、罗绮园、阮啸仙、谭植棠担任，每一届领导人都是共产党员。1924年10月5日，青年团广东区委阮啸仙给青年团中央的报告说："民校（指国民党）第二届农民运动讲习所"，"招收同志（青年团员）入所，但人数比以前多数倍"。中共广东区委书记陈延年于1925年1月5日，写信给在莫斯科学习的陈乔年、王若飞、罗觉同志，说："我们已在此设立一个农民运动讲习所，还要开一个工人班，所以我们很需要'东大'（指东方大学）各种功课的记录及A、B、C、duc前半部的译稿，请托国际带到广州交Mob·Hniob转交与我"。

1926年1月，为扩大造就农运人才，以适应全国农运的发展，农民部向国民党中央执行委员会提议设立农民运动委员会，并经国民党中央第二次常务委员会讨论通过。2月5日，农民部公布了"农民运动委员会组织大纲"，以及由林伯渠、毛泽东、阮啸仙等九人组织的农民运动委员会。2月6日农民部发出第六届农民运动讲习所招生通告。3月16日下午，农民运动委员会举行第一次会议，决议请毛泽东担任第六届农讲所的所长，聘请萧楚女、彭湃、恽代英、陈启修、陈公博、陈其瑗、李立三等为教员。萧楚女不仅领导青年运动，而且研究过农民问题，早在1924年已写了《中国底"农民问题"》长篇论文，发表在《新建设》第二卷第一期，深刻论述了解决农民问题的重要意义，由于他对农民问题有深入研究，又是毛泽东的助手，所以聘他为农讲所专任教员。

第六届农讲所克服了经济困难，于5月3日在番禺学宫举办，学生有327人。学生入学时，先在农讲所"值星室"报到。萧楚女的办公室在值星室旁，听到蒙族学生来了，热诚地迎上去接待，亲自带他们到宿舍，问是否适应南方的气候。广州蚊虫多，要事务处的人给他们送蚊帐、棉毡等生活用品。叮嘱他们在晚上睡觉时，一定要挂蚊帐和穿衣服，以免受凉或蚊子叮了生病，若生病就会影响学习。

学生入学的时候，正是广东省第二次农民代表大会和全国第三次劳动代表大会于5月1日在广州开幕之时。农讲所的课堂为广东省第二次农民代表大会所借用，农讲所学生先参加广东省第二次农民代表大会所组织的一些活动。

5月15日，农民代表大会闭幕后，农讲所正式上课。由于教务主任陆沉不到职，专任教员萧楚女兼代教务主任工作。萧楚女从东山庙前西街搬到农讲所西斋住宿，他在教务工作上，遵照所长毛泽东制定的教学计划，坚持理论联系实际，政治教育与军事训练并重的原则，设置了25门课程。其中包括毛泽东讲授的《中国农民问题》、《农村教育》、《地理》；周恩来讲授的《军事运动与农民运动》；恽代英讲授的《中国史概要》；彭湃讲授的《海丰及东江农运状况》等课程，内容广泛，包括了革命理论与方法、中国革命的基本问题以及世界革命斗争史等问题。萧楚女讲授《帝国主义》、《中国民

▽ 毛泽东主办的广州第六届农民运动讲习所旧址广州市中山路42号

族革命运动史》、《社会问题与社会主义》三门课程。在学生的笔记里记载了萧楚女于5月18日、19日、20日、21日、26日先后作的《英国煤矿工人罢工问题》、《中国民族革命运动史》、《社会主义》、《帝国主义》等问题的报告。

农讲所为培养学生掌握军事知识与技能，使他们学成回乡建立农民武装，军事训练成为重要学习内容之一。军训时间占全部学习时间的三分之一，由黄埔军校第一期毕业生赵自选任军事教官。毛泽东常对学生说：搞革命就要刀对刀、枪对枪。要推翻地主武装团防局，必须建立起农民自己的武装，刀把子不掌握在革命者手里，要取得革命的胜利是不可能的。中共广东区委军委书记、曾任黄埔军校政治部主任的周恩来亲自讲授《军事运动与农民运动》，他参加过1925年的两次东征陈炯明，以及镇压滇、桂军叛变，富有武装斗争经验，讲课时从理论和实践两方面阐述了军事运动与农民运动的相互关系，以及发展民众武装、扫除革命障碍的重要性。军训初期，有些从没摸过枪的学生，在炎热的暑天持枪操练、实弹射击很不习惯，甚至有畏难情绪。经过毛泽东、周恩来、萧楚女、赵自选的帮助教育，才逐渐懂得学习军事的重要意义，坚持学习下去。

萧楚女讲《帝国主义》课程前，曾先组织学生阅读列宁的《帝国主义是资本主义的最高阶段》一书，然后根据学生的提问，用辩证唯物主义和历史唯物生义的观点，详细揭示了帝国主义的性质以及它的产生、发展和衰亡的过程，以及共产主义必然胜利的规律。他指出："帝国主义——恐慌——战争——内战——革命（弱小民族独立，无产阶级夺取政权），这正是眼前和最近将来的一个社会进化之公式。"萧楚女每讲到关键的问题，就问学生是否听懂；若有学生表示不懂，他会不厌其烦地反复举例说明，直至学生们都懂了，再继续讲新的问题。学生们对萧楚女通俗易懂、深入浅出的演讲十分满意，都聚精会神地听讲和做笔记。

为使学生进一步掌握农民运动理论和各省农村状况，农讲所按学生的籍贯编组，成立了安徽、江西、湖南、湖北、四川、云贵、两广、福建、江浙、奉（奉天，今辽宁省）、直（直隶，今河北省）、豫陕三特别区等13个农民问题研究会，研究主佃的关系、地主的来源等36个题目。各研究会开会时，萧楚女总是抽空参加指导。学生研究的成果，写成调查报告，由农讲所将其编入《农民问题丛刊》，供各省搞农运的同志阅读。毛泽东亲自为《农民问题丛刊》撰写序言，指出："农民问题乃国民革命的中心问题，农民不起来参加并拥护国民革命，国民革命不会成功。"

萧楚女是专任教员，除讲堂授课外，还专门指导学生课外一些理论研究，毛泽东也参加指导。为培养学生的自学能力，农讲所还发给每个学生一套参考书，其中有《列宁与农民》《社会进化简史》、《帝国主义浅说》、《步兵操典》、《中国农民问题研究》等三十多种。其中《中国农民问题研究》是萧楚女于1924年发表在《新建设》，由农讲所将它编为《农民问题丛刊》第十三种。该文论述了农民问题的重要性及解决的方法，指出："中国是个农民占全人口百分之八十以上的国家。国家底全部生产组织——全国民的生活，便都托在农业上面。"此外，萧楚女还亲自编撰了《帝国主义讲授大纲》、《国际主义与民族问题讲授大纲》、《社会主义概要讲义大纲》等，发给学生研究参考。他将每本参考书的主要问题列出，张贴在公告栏内，要学生边看书边作答案，限时交卷。学生交卷后，萧楚女将其中答得较好的卷子选择数份，批改后作为"标准答案"，张贴在公告栏上，让学生参照改正错误。课余时间，萧楚女常找学生谈心，了解他们的生活和思想情况，鼓励他们刻苦学习。晚上，他经常巡视学生宿舍，发现有熟睡的学生将棉毡推落地下的，便拾起来轻轻盖上。他回到学宫西斋自己的寝室后，继续备课或撰写文章，直至午夜才休息。每当时局发生变化，萧楚女便及时给学生作时事报告，曾向学生作过"省港大罢工与中英谈判"等问题的报告，使学生认清形势。在毛泽东、萧楚女等人的教育下，学生思想有了很大提高，许多学生要求参加共产党。有一天，王首道等学

△ 农讲所学生抄录萧楚女笔答内容

生在共产党党旗下庄严宣誓:努力革命,牺牲个人;服从组织,阶级斗争;严守秘密,永不叛党。

所长毛泽东因兼职多,常不在所里,对所内的日常工作,多委托萧楚女办理。萧楚女遵照所长的意见,将工作处理得有条不紊,成绩显著。在中华人民共和国成立后,毛泽东谈及教育问题时,称赞萧楚女说:"我是很喜欢他的,农民运动讲习所教书主要靠他。"

与此同时,中共广东区委在广东省农民协会内开办了干部训练班,国民党中央妇女部在中央党部内举办了妇女运动讲习所,都邀萧楚女讲演。他为了宣传中国共产党的革命主张和马克思主义,应邀前往讲演,白天在农讲所工作或外出讲课,晚上备课,繁重的工作,紧张的生活,使他日益消瘦,肺病又发作了。有一次,他在农讲所讲课时,由于心情激愤,突然吐血。学生们很焦急和难过,劝他回宿舍休息,但他坚持讲课,不肯休息。学生只好搬来一张藤椅,请他坐下,给他递上一杯热水。萧楚女喝了一口水,稍事休息后,继续坚持讲课。他对学生们说:"你们劝我休息,谢谢同学们的关怀,可是我不能休息,不上一小时课,就要浪费你们许多时间啊!"他略停一会儿继续说:"你们想一想,蜡烛不是燃烧了才能放光明吗?我们要像蜡烛一样,从顶燃到底,做一个一直都光明的人。要在有限的一生中,有一分热,就发一分光,给人以光明,给人以温暖,我们都要有这种精神!"由于课堂里没有扩音器，为使三百多人都能听到，他竭力提高嗓音讲课，结果又气喘咳嗽，再次咯出了殷红的鲜血。他为了不影响同学们听课情绪，悄悄地将咯出的血吐在手帕里。学生们看到萧楚女为革命呕心沥血的高尚品德，忍不住流下了热泪。萧楚女这种鞠躬尽瘁的革命精神是一贯的。早在1924年，他在《中国青年》发表了《诗的生活与方程式的生活》，曾说过："人(生)的意义之表现，究竟要怎么样呢？这，就莫过于诸葛亮所说的:'鞠躬尽瘁，死而后已'两句话恰当了。""古今中外的伟人、哲士、贤者、英雄"，"哪一个不是把自身做成一支蜡烛，点起'为他'的爱之火，鞠躬尽瘁，死而后已地让他蜡尽成灰完事？"萧楚女的"蜡烛人生观"给学生深刻教育，至今难忘。

师生们很关心萧楚女的健康，厨工特为他做了一些富有营养的饭菜，他却把这份饭菜端给患病卧床的学生吃。学生们都为萧楚女的高贵品质和模范行动所感动，由于他操劳过度，病情日益恶化，后被送往东山医院医治。他在病床上老是惦念着农讲所的工作和学生们的学习情况。当精神稍微好转时，即提笔回答学生提出的各种疑难问题。有一次，他笔答了学生提出的"唯物论与唯物史观如何分别？""中国国家主义派历史如何？""中国国民革命何以是世界之一部分；俄国革命是不是世界之一部分？"等多个问题，并在答题前面写道："各位同学所提出的疑问纸条积压太多，我又因肺病须静养，一时不能多说话，这未免使大家很失望，现在且先拣简单的笔答于下，其须多言方能明了者，则请俟我稍好再同大家细说。 楚女先生扶病草，七月六日。"萧楚女鞠躬尽瘁的工作精神，感动了每一位学生，有的学生将萧楚女的答案抄录下来，保存至今。

农讲所学生经过半年学习，即将毕业，农讲所组织他们先后到韶关、海丰农村实习。海丰是广东农民运动的发祥地，它在彭湃的开拓和领导下，农民运动如火如荼，有"小莫斯科"之称。8月间，农讲所学生在赵自选等人率领下，从广州黄沙乘船出发，在汕尾登陆，到达海丰城时，海丰总农会、海丰总工会及各界团体，联合举行了盛大欢迎会。彭湃在会上致欢迎词，介绍海陆丰农民运动的状况。农讲所代表讲话，表示要向海陆丰农民学习。大会后，农讲所的学生参观了海丰城和烈士纪念碑。第二天，三百多学生组成了二十多个小组，每组由县农会派人领到各乡实习。白天，他们和农民一起劳动，一起谈论农运问题。晚上，他们听农会负责人介绍经验，或是分组讨论学习心得。经过两星期调查研究，实习结束。农讲所作实习总结，肯定了成绩，指出：使学生"亲入革命的农民群众中，考察其组织，而目击其生活，影响学生做农民运动之决心极大"。9月13日，农讲所学生乘船到黄埔军校参观，军校军治部、管理处派人接待，并引导至校本部各处室、办公厅及长洲要塞各炮台参观，军校赠送各种宣传资料。10月1日，举行毕业试。大部分毕业生被国民党中央农民部委任为农民运动特派员派回原籍，从事农运工作。

→ 黄埔军校杰出的政治教官

★★★★

1926 年 10 月，北伐军攻克武汉，国民政府准备北迁。黄埔军校抽调了大批军事政治干部北上工作，政治主任教官恽代英也即将离校，赴武汉筹办中央军事政治学校武汉分校。中共广东区委为加强军校的政治工作，派萧楚女到黄埔军校。10月底，萧楚女搬到黄埔军校，住在校本部东侧的粤海关黄埔分关旧址楼上。

萧楚女白天上课，晚上看书写作，日夜劳累，肺病又加重了，夜深咳嗽不止。在他邻房居住的张秋人等劝他休息。萧楚女说，我要赶时间完成《社会科学概论》，还不可以休息。经过二十多天拼搏，终于完成书稿，写上最后一句："十五年十一月十九日完稿于黄埔海关楼上"。他放下笔，天已亮，抬头凝视窗外珠江滚滚波涛，思索着如何使军校学生不仅要有军事知识，更要有革命思想。

他决定对学生讲授《社会科学概论》，上课时，他透彻地论述了阶级的产生、发展和阶级斗争规律，批判了柏拉图、孔丘、章炳麟等人的英雄造时势的唯心史观，指出："有了阶级，当然就有一阶级或数阶级压迫其他一阶级或数阶级的事实；亦当然就有被压迫者反抗压迫者及压迫者不许被压迫者反抗的'斗争'。"当今，"帝国主义之末期已至，资本主义垂近残烛，世界革命已不可免"。号召学生"努力革命"，肩负起改造社会的责任。课后，学生们进行了热烈的讨论，提出许多关于阶级斗争的理论问题，请萧楚女解答。他在回答学生萧湘飞的问题时，明确地指出：阶级斗争是"既不能以人力造成它，也不能以人力去消灭或阻止它"。"一部人类文明史，久已就是一部阶级斗争史——但阶级斗争的结果，则一定是实现社会革命。"他还经常教育学生，要他们"笃守列宁主义"，要结合我国革命的实际情况学习马克思列宁主义。他指出："列宁主义对于我们的国民革命，最有切要关系的。"后来，《社会科学概论》正式出版，对社会影响更为广泛。

12月1日，政治部主任熊雄主持召开了第五期政治部第一次政治教职员工作会议，决定军校现有的政治科目，由熊雄、萧楚女、李求实、张秋人等十四位政治教官负责。12月24日，军校第五期特别党部宣传委员会第一次执行委员会会议，决定聘请熊雄、萧楚女、张秋人、孙炳文、廖划平以及苏联顾问加罗觉夫等六人为政治顾问，负责指导全校的政治工作，"解答一切党务上、政治上重要问题，指示一切党务上、政治上必须讨论之问题"。

萧楚女十分重视学生的思想教育工作，鼓励学生在斗争中锻炼，接近工农，提高思想和知识水平。他曾调查了学生和士兵委员会宣传员的问题，发现有些学生受旧军队的影响，不愿接近工农群众。有些学生虽有做工农群众工作的愿望，但不懂得如何去做。士兵中存在的问题更多，他们经常不参加会议，或参加会议不发言，对于"什么是党"和"为什么要党"的问题，都一窍不通。士兵中虽然设有宣传员，但士兵宣传员不懂得做思想工作，不会改变这种状态。为此，萧楚女提出了改善士兵宣传工作的三项办法：一、严格选择宣传员。要选择"真正无产阶级出身的，或是破落的小资产阶级的子弟"，并且要具有"真正的自由平等思想"，热爱群众的思想感情，对革命、对党都有一定认识的人来担任；二、开

△ 黄埔军校大门原貌

办士兵宣传员特别训练班，提高宣传员的水平；三、士兵宣传员要向群众学习，平等待人，不要以军官自居。宣传员还要熟悉士兵的生活习惯、语言以及他们对社会和人生的见解；同士兵攀谈时，要能说他们的语言，模做他们的动作习惯。这样，群众才感到亲切，收到宣传效果。

在军校的假日里，萧楚女常与休假的学生一起乘船往广州。他在船上与学生促膝谈心，帮助他们解决学习上和思想上的问题。有的学生说，我们看了萧教官的许多文章，得到很大的启发，愿意做工农运动，但不知如何去做。

萧楚女高兴地告诉他们，革命军人与群众应是鱼与水的关系。去年的东征、南讨、平定杨（希闵）、刘（震寰）叛乱以及今年的北伐，都离不开工农群众的支援；你们毕业后，若要得到群众的支援，必须到工农群众中去做宣传组织工作，使他们懂得所受痛苦的原因，不是他们的命运不好，而是由于帝国主义的侵略和国内封建军阀的横行所致，并要帮助群众组织起坚固的团体，为实现革命理想的生活，而去打倒帝国主义、打倒军阀。

针对黄埔军校的学生、入伍生和军校领导的教导团学生军在学习过程中遇到的难题和思想认识问题，军校政治部出版的《黄埔日刊》开辟了《政治问答》专栏，《黄埔日刊》每日出四版一大张两万多份，对黄埔军校以及校外各军都有很大影响。《黄埔日刊》的《政治问答》由萧楚女主答，参加答问的还有张秋人、张鸿沉等教官。《政治问答》的内容广泛，共分十类：（1）关于国民党的主义、政策和组织系统；（2）关于马克思列宁主义和政策；（3）关于国家主义等各种主义学说；（4）关于经济政治及社会问题；（5）关于革命的理论策略和历史；（6）关于革命青年的修养主义的研究及实际宣传的方法；（7）关于国际间的会议条约、国际关系及中国的内政外交；（8）关于国外国内的党派及秘密会团；（9）关于各种名词的解释；（10）关于宗教等其他不属于上述内容的问题。萧楚女对学生的提问非常重视，前后共回答了近两千个问题，其中一部分已在《黄埔日刊》上发表，大部分答好的问题，因后来发生四·一五反革命政变，未能继续发表。

学生在学习研究问题时，萧楚女热心帮助和启发他们要注意抓住本质和主流。他曾在《黄埔日刊》上发表《关于政治问答的启事》，要求学生队、入伍生、学生军、教导队的黄埔学生认真看《黄埔日刊》刊登的内容，不要把他已答复过两三次或四五次的问题，再写到《黄埔日刊》来询问，"这样不但重复无味，就是本刊篇幅上也无法应付，现在积压问答尚有一两千条，无法登载，便有一半是因此等重复所致"。为了扩大政治问答的影响，军校政治部将《黄埔日刊》发表过的政治问答，及时编成《政治问答集》出版，并在弁言中指出：几年来世界革命的潮流，激荡得使青年无处躲避，要起来作政治斗争。但是，许多青年是缺乏斗争的经验的，《政治问答集》就是要为青年提供知识，指引青年走革命道路。

到黄埔军校学习的学生，多数是为了追求进步，寻求革命道路而来的，但也有不少人是为了升官发财而到军校的。入学动机不纯的人在学习期间，往往醉心于"谋差事"，望着什么"尉"，"校"的官阶而垂涎，或沉湎于恋爱，弄得神魂不定，寝食不安，脑海里早已把"筑城"、"地形"、"放哨"、"守卫"等知识技能置诸脑后了。为此，军校大门口曾挂了一副门联：升官发财，请往他去。贪生怕死，勿入斯门。横额是：革命者来。

军校政治部请萧楚女帮助学生树立革命的人生观，正确认识与处理革命与恋爱问题。萧楚女对此问题本来是不想发表什么意见的，为了帮助学生，很坦率地说："因为我已是过了三十岁的人，一来怕人家说我不知趣（这是一个青年的问题），二来自己也着实不感兴趣。"由于有不少学生确因这些问题处理不好，影响了工作与学习，便毅然挺身而出。1927年初，他发表了《黄埔学生之恋爱与革命问题》一文，阐述革命与恋爱的正确关系，指出在私有制的社会里，剥削阶级视女人为玩物，老婆就是他的洗脚水，泼了一盆又一盆。有的富有者常有十个八个姨太太，无所谓恋爱。无产阶级则衣不蔽体，食不果腹，死且不暇，更何有于所谓恋爱。我们黄埔学生每日三餐，吃的是人民用血和汗换来的，却沉迷于恋爱，把革命理想抛到九霄云外，又怎能对得起在东征、南讨和北伐诸役中阵亡的同学呢？"我们既来革命"，就"应该以革命为圆心"，决不能"以恋爱为圆心向外画弧，把革命去做恋爱的牺牲品"。

一些学生看了萧楚女的文章后，思想受到很大震动。

五十一区队的学生董树礼写了《读了〈黄埔学生之恋爱与革命问题〉以后》一文，说："萧教官底那篇文章，引起我不少的感慨，我看了那篇文章以后想到……已经为中国的自由平等而死去的同学，又怎样希望我们继续他们未了的工作，醉心恋爱的同志们未免太堕落了吧。"萧楚女觉得董树礼的文章对革命与恋爱问题的分析还不够全面，在发表此文同时，加上了按语，指出："董同志此文，似乎在主张'非礼勿视'的禁欲主义"了。他在按语中还论述了正确处理革命与恋爱问题的重要性，要求每个革命者既不应该恋爱至上，也不应是禁欲主义者，更不能视正当地谈恋爱的人是"堕落"。3月间，萧楚女又发表了《"财产"、"阶级"、"女人"》一文，进一步论述了正确处理恋爱与革命的关系问题。

1927 年春，革命与反革命之间的斗争越来越尖锐。蒋介石加紧在黄埔军校和国民革命军中培植党羽，并以高官厚禄为饵来收买心腹。有少数共产党员和一部分青年，经不起利诱，因而堕入了蒋介石的圈套，趋炎附势，离开革命道路。也有一部分人站在革命与反革命的十字路口彷徨不安，摇摆不定。萧楚女针对这些情况，以《个人主义的三十六变》为题，在军校内作了讲演，事后将内容连载于《黄埔日刊》上。此文发表后影响广泛，重庆《新蜀报》等报刊纷纷转载。此外，他又在其他刊物上发表了《个人主义漫论》、《革命党人的基本质素是什么?》等文章，指出革命就是"拼着自己底命去争取社会和个人底幸福的事。没有勇气，没有一往直前的勇气的人，到了临阵之时，必致于畏缩，或脱逃；到了大节临前，生死一间之时，甚至于会因一念之差而变成了可怜的虫豸，做了敌人脚下的'降虏'"。号召青年要有正确的人生观和世界观，才能认清形势，不畏强暴，不受利诱；他还教育青年必须"学孙中山，学列宁"，因为"他们都是摩顶放踵天下为之，数十年如一日"的革命家。

这期间，萧楚女还致力于群众运动，经常参加各种社会活动。当军校举行纪念国际妇女节暨欢迎新生的大会时，萧楚女在会上演说，指出从前妇女兴小脚，现在提倡妇女解放，小脚不吃香了。一些妇女为了赶上时代，小脚也要穿大鞋，只好借助棉花垫在鞋尖里，所以有人风趣地说妇女运动就是棉花运动。惹得全场大笑。他接着说，我们提倡妇女解放运动，并不是为了个人出风头，而是为了革命。现在有一百多个女青年为了此目的，参加了武汉军校学习，与男青年同受军事教育，这是妇女解放运动中的大事，也是中国军事教育史上的创举。我们不应该轻视妇女工作，"要到贫苦无告的女工和农妇中去宣传组织训练，使她们参加革命"，"把占人类半数的妇女从黑暗世界中救出来，这样才不辜负今天开这个会的意义"。

3月18日，军校集会纪念巴黎公社。萧楚女参加大会，以《在联合战线上纪念"血腥之日"》为题演讲。他指出："阶级斗争就是农工阶级的解放，也就是农工阶级革命，没有农工解放，不让农工得到生活的利益，农工便自然不会来热心革命了！""今天我们纪念三月十八日，纪念什么呢？当然不是纪念段祺瑞杀人杀得好，不是纪念法国资产阶级得到胜利。当然不是纪念反革命，而是纪念革命。但我们要求一般反对总理农工政策乃至三大政策的人，却不必也登台，做出猫儿哭老鼠的假惺惺。因为你们现在用了种种阴谋手段，变相言论——借'阶级斗争与联合战线'问题，分裂革命力量和党的团结，暗地为敌人做内应，妨碍革命，绞杀革命，实与屠杀巴黎市民，北京市民的刽子手没有两样。"萧楚女又曾应中国国民党党立华侨讲习所的邀请前往演讲。

革命形势到了生死关头，帝国主义侵略者、军阀、买办资产阶级和土豪劣绅加紧勾结起来破坏革命。萧楚女针对这种形势，多次对军校学生作关于形势问题讲演，并在《黄埔日刊》上发表《一年来帝国主义在华势力之暗斗及其崩析》《帝国主义软化政策之真面目》《纪念列宁与笃守列宁主义》《民主集权制的说明》等文章，加强对学生教育，驳斥敌人的造谣污蔑，指出："防止（国民）党的官僚化，防止首领英雄化和迪克推多化"，"民主集权制之在本党，实和三大政策一样重要。要不要三大政策，是革命与反革命的差别处；有没有民主集权制，也是革命与反革命的区分点"。萧楚女的演讲和文章，是向军校革命师生发出了警惕新右派篡取革命领导权的信号。

→ 慷慨就义

　　反革命空气日益弥漫，一场生死大搏斗的风暴即将来临。新军阀勾结地主豪绅、杀害工农的消息，不断传进萧楚女的耳中。这时，他正被多种疾病纠缠着，忧愤交织，心焦如焚。为了坚持战斗，他以坚强的意志支撑着瘦弱的身体，伏案写作，对反动派展开斗争。由于劳累过度，病情日益恶化，以至不得不暂时停止工作，到广州东山医院（今中山医院处）留医，但仍关心着学生的学习。3 月 25 日，他在《黄埔日刊》上登载了如下一则启事：

　　各同学鉴：要我回答的问题很多，我因患"胃加答儿"、支气管炎、神经衰弱，医嘱勿用脑，嘱我休养一月，故一时不能答复，请谅；《黄埔日刊》尚有已经答起的存稿约一两千条，仍当按日发表。萧楚女启。

他进了医院后，局势发生急剧变化。北京政府搜查苏联驻北京大使馆，逮捕了李大钊等人。四川反动军队通电反对仍维持国共合作的武汉国民政府。蒋介石在南京策划"清党"，要逮捕屠杀共产党人。广州当局国民党右派负责人到南京参加秘密"清党"会议，回到广州后，以武力控制了国民党广东省、市党部，并拒绝执行武汉国民党中央党部关于改组广东省、市党部的命令，撕毁总政治部后方留守处拥护中央党部决定的标语。萧楚女面对右派的反动活动，不胜愤慨，与来看望他的同志进行讨论，提出了要有应变的思想准备，并请他们将他的意见转告中共广东区委。4月10日，军校好友陈涛、张鸿忱、罗鬓渔到医院探望萧楚女，此时萧楚女已被特务监视，医院以萧楚女病重为由，不准探望。

4月12日，蒋介石在上海发动了反革命政变，对共产党人和革命工农群众进行了血腥的屠杀，革命者的鲜血染红了上海街头。中共广东区委根据上海政变的形势召开了紧急会议，决定区委各部、委从文明路的区委撤出，分散秘密办公；派遣联络员到北江、西江、琼崖、潮梅和惠州等地发动起义；中路则由区委直接指挥；总起义的日期定在 5 月初。

广州的反动当局于 4 月 15 日突然发动了反革命叛变，调动大批武装军警搜查各工会和进步团体，并向广九铁路、粤汉铁路、广三铁路车站，以及燕塘、四标营、省港罢工委员会、济难会等处大肆搜捕。在中共广东区委开办的惠爱路昌兴街丁卜图书社与广大路 56 号国光书店货仓搜查，收去《民众的武力》等大批书刊。反动军警包围了东山医院。萧楚女被枪声和杂乱的脚步声惊醒，知道反动派已经动手了，赶紧穿上衣服，正欲出门躲避，但是已来不及了，一群如狼似虎的反动军警、特务涌进了萧楚女的病房，强行将萧楚女拖出门外，推上了囚车。

当国民党反动派发动反革命政变时，广州地区的革命群众当即奋起抵抗，黄沙车站有一千多工农武装与十几倍的敌人激战。由于敌我力量对比悬殊，终于给镇压下去。萧楚女是社会名人，许多人关注他的被捕问题。几天后，广州、北京等地的报纸才披露详情，4 月

20日《黄埔日刊》报道:"十五日早,永汉路南关戏院附近各马路共产分子逮解者,如百川汇海,均由军队押送,用草绳捆缚,俄职员有上手镣者,俱西装青年,剪髪少妇,间有穿军服者,或唱国际歌,或高呼共产党万岁口号,至南关戏院内,仍呼喊及演说不绝。""被捕之人数,共产党广东区五千余人。"5月1日《北京晨报》报道"共产党首领均被枪决,羁押党人转解逞惩戒场,大检举仍在进行中"。"国民党逮捕共产党约两千余人重要者有李森、刘尔崧、沈春雨、雷鸣甲、胡超、毕磊、萧楚女等"。5月7日《北京晨报》报道"共产党首领均被枪决"。国民党反动派逮捕了熊雄、毕磊、刘尔崧、萧楚女、熊锐等共产党员和革命群众两千多人。广州公安局的牢房容纳不下。除萧楚女、刘尔崧、沈春雨、李森等六十余人留押公安局内,其余都押在南关戏院。被捕的革命者视死如归,他们放声齐唱《国际歌》,高呼"打倒国民党!""共产党万岁!"的口号。

4月18日,国民党反动派在广州公安局内成立了"军政督察委员会",进行审讯所谓政治犯。20日,萧楚女被押进公安局阴森森的刑讯室里。他轻蔑地扫视了排列两旁的各种刑具和凶相毕露的刽子手，纵声痛骂国民党反动派背叛孙中山的三大革命政策、叛变革命、屠杀工农群众的罪行。刽子手恼羞成怒，将萧楚女毒打直至昏倒。萧楚女被冷水泼醒后，忍受着肉体上的痛苦，挺起遍体鳞伤的身躯，仍然痛骂不绝。他大义凛然地说：中国共产党人是为民族利益而奋斗的，并时刻准备献身于革命，革命者是杀不绝的！他的陈词铿锵有力，目光凌厉，使一小撮反动分子为之战栗。当时在场的一些士兵警察，目睹他临危不惧、坚贞不屈的伟大气概，也不禁肃然起敬。

国民党反动派无法从萧楚女身上得到半点有用的口供，于是将他转押至南石头。4月22日黄昏，路上断绝行人，城内死一般静寂，只有公安局和南关戏院不时传出脚镣撞击声、鞭挞声以及革命者对刽子手的怒骂声。武装军警将关押在公安局的萧楚女、刘尔崧、李森等一批革命者和关在南关戏院的革命者，押解到天字码头，再用两艘军舰载往南石头惩戒场监狱。

萧楚女虽然身陷囹圄，死神时刻都会降临头上，但他将生死置之度外，抓紧时间，做难

友的思想工作，鼓励难友要继续坚持斗争。

由于萧楚女等人被捕后仍坚持斗争，坚贞不屈。因此"蒋介石电令处极刑"。广州的反动当局根据蒋介石的命令，立即进行杀害萧楚女等革命者的部署，下令驻扎在南海县盐涉墟的第四军补充团第一营营长周东（又名周弼夫），率领一连士兵，赶往南石头监狱，加强监狱的警戒。一天拂晓，白鹅潭上的国民党军舰升火待命，南石头监狱外岗哨如林。周东挥动手枪指挥荷枪实弹的士兵在广场四周布岗。萧楚女、刘尔崧、熊锐、李森等四十多名共产党人和革命者，高唱着《国际歌》，从不同的牢房走上刑场。刘尔崧回顾凝望他们的难友，激昂地说："男儿死耳，不可为不义屈！"以此激励战友们要继续坚持斗争。萧楚女昂首挺胸，对两旁的刽子手不屑一顾。行刑官走到萧楚女的面前，狡黠地说："萧教官，你这根蜡烛快要熄灭了，在这生死一瞬间，你愿意改悔吗？"萧楚女以锋利的目光盯住这个屠夫，高声地说："你们杀吧！真正的共产党人是不怕死的，共产主义运动是镇压不了的。总有一天，人民会审判你们这班狗豺狼！"接着，他和同志们一起高呼"打倒国民党！""民族解放万岁！""中国共产党万岁！"他们的声音未绝，罪恶的枪声响了。萧楚女等四十多名共产党员、革命者为了无产阶级的革命事业，血洒珠江，献出了宝贵的生命。萧楚女牺牲时，年仅 36 岁。

后 记

心碑永存

　　党组织和人民群众知道萧楚女被害的消息，都极为悲痛。在武汉中央军事政治学校学习的原重庆女二师学生游曦等女兵，曾接受萧楚女的政治启蒙，更是悲痛欲绝，决心为萧楚女等烈士报仇雪恨。萧楚女的战友亦纷纷发表悼念文章，高度赞扬他鞠躬尽瘁，死而后已的革命精神。腾波于5月29日在武汉《中央日报副刊》66期发表《悼萧楚女同志》，指出萧楚女"在中国革命的进程中，曾经有过长期的努力。他奋斗的精神，在每一个革命青年的心底，是留下不可磨灭的痕影的"。"萧同志死了，我们只有前仆后继！来，来，来，最后胜利终竟是我们的！"5月26日，光人在《中央日报副刊》发表《五卅纪念中忆萧楚女》，指出："他不过是革命战线上的战士之一"，国民党要"特别要杀他，真是可笑的愚蠢；杀死了萧楚女却杀不死产生萧楚女的环境，更杀不完产生萧楚女的环境所产生的或将产生的千万个萧楚女"。6月13日《中国青年》上《悼我们的死者》，称赞萧楚女是"在青年界最有信仰的"良师益友，号召革命青年们要学习和发扬萧楚女烈士的英勇斗争精神，在"血花飞溅"的残酷环境中继续坚持斗争。6月25日，《中国青年》第66期刊载了《征求萧楚女先生遗著》启事，对萧楚女作了高度评价："谁不知有个大麻子萧楚女，他是本刊的创始者之一，他是青年群众的明星，他是刻苦忠实的革命家！自从少年以至于死，他一直以革命为生命，一直在颠沛流离、贫困捕逃的情形之下。""他的死，使革命青年失去了良师；他的死，使革命队伍丧亡了勇敢的战士；他的死，使我们更加透彻认识了敌人；他的死，在每个革命者的心上剜上伤痕！本社为纪念他起见，拟搜集他的生平著作，印成《楚女文存》以行世。"

但是，《楚女文存》尚未问世，汪精卫集团又于7月中旬在武汉地区发动了反革命政变。昔日的红色武汉，又笼罩了白色恐怖，党组织非常关心萧楚女亲人的安全，由林育南设法通知在武汉的萧楚女的妹妹萧宝华注意隐蔽，萧宝华立即将萧楚女留在家里的信件、照片、手稿、书刊烧毁后逃避。

萧楚女牺牲后，中国共产党广泛宣传萧楚女的英勇斗争事迹，号召青年以他为学习榜样。1928年底出版的《列宁青年》，发表了《追悼死难的青年战士》一文，指出在国民党大屠杀时，"被杀的许多同志中，萧楚女同志是最熟悉的一个"。次年3月，中国共产党领导的上海济难会出版的《牺牲》第一集，亦辑录了《萧楚女事略》。党通过广泛宣传萧楚女不惜洒热血、抛头颅的革命事迹和革命精神，以鼓舞革命群众进行前赴后继的斗争。

1949年10月14日，广州解放，1950年，广东省人民政府逮捕了执行杀害萧楚女的刽子手周东（又名周弼夫），经过广州人民政府召开群众大会公审后，周犯被枪决了。

人们不禁又回想起萧楚女在就义前面斥刽子手时说过的一句话："共产主义运动是镇压不了的，总有一天，人民会审判你们这班狗豺狼。"烈士的预言实现了，烈士的英灵可以安息了。1953年中央人民政府又发了萧楚女烈士家属证，其内容是：

查萧楚女同志在革命斗争中光荣牺牲，丰功伟绩，永垂不朽，其家属当受社会上之尊崇，除依中央人民政府革命工作人员伤亡褒奖暂行条例，发给其家属恤金外，并发给此证以资纪念。

毛泽东

一九五三年五月五日

中华人民共和国中央人民政府（印）

1927年《中国青年》社要出版《楚女文存》的愿望，在七十年后的1997年实现了。由中央党史研究室《萧楚女文存》编辑组与广东革命历史博物馆联合编辑《萧楚女文存》出版了，以纪念无产阶级革命理论家萧楚女。